【基金支持】本书由江苏高校"青蓝工程"资助出版

非物质文化遗产与旅游融合发展
——以江苏为例

叶设玲 / 著

复旦大学出版社

Preface

序

党的二十大报告提出"坚持以文塑旅、以旅彰文,推进文化和旅游深度融合发展"的明确要求。当前,我国旅游市场已经从大众旅游时代迈向高质量发展阶段,加快传统旅游业转型升级发展成为一项重要任务。2023年9月江苏省文旅厅出台了《关于推进非物质文化遗产与旅游深度融合发展的实施意见》,提出要支持地方在非遗与旅游融合发展推荐目录中选择合适的非遗项目进入旅游空间,推进非遗和旅游资源共建共享。

非物质文化遗产与旅游深度融合发展是文旅产业"诗和远方"结合的生动表现。非物质文化遗产旅游是一种通过旅游活动来了解和体验不同地域、民族、宗教、历史、文化等方面的风俗、习惯和传统,以及参观非物质文化遗产和文化景观,从而增进旅游者对地方文化的认识和理解的旅游方式。它是一种独特的旅游方式,不仅能够让人们享受旅游的快乐,更能够让人们学习和体验不同的文化。推进非物质文化遗产与旅游融合发展,不仅能够将璀璨的传统文化呈现给游客,更是与当代社会需求深度结合,展现传统文化在现代生活中的意义和价值。

在此背景下,本书将引领我们踏上一段关于非物质文化遗产与旅游融合发展的探索之旅。通过研究非物质文化遗产与旅游的融合现状、问题和模式,我们能够思考如何在文化传承和旅游业发展之间取得平衡。非遗与旅游融合发展并非只是将传统文化转化为旅游吸引物,更是在游客体验中融入传统文化精髓,使游客在旅游过程中产生情感共鸣。本书在探讨如何在保护传统文化的同时,也为旅游业的发展注入新的活力和创意思考。通过理论研究和实证分析，本书能够为探索非物质文化遗产传承和旅游可持续发展提供更多新思路、新理念和新方案。

  作为人类智慧和创造力的结晶，非物质文化遗产承载着丰富多彩的历史、传统和文化精髓。在这个快速变化的文化繁荣时代，我们不仅需要保护好、传承好传统文化，更要找到与时俱进的创新方式让传统文化焕发生机。非物质文化遗产与旅游融合发展研究既关乎于集体记忆，更关乎于未来发展。让我们一起探索在传统与现代、非物质文化遗产与旅游之间的共生共荣之道。

周永博

苏州大学天赐庄

2023 年 12 月 6 日

Contents

目　录

第一章　绪论 ·· 1
一、非物质文化遗产与旅游融合发展的时代背景 ····················· 1
　（一）非物质文化遗产传承与保护的重视 ································ 1
　（二）旅游业高质量发展的要求 ··· 2
　（三）数字技术发展的推动 ··· 3
　（四）美好生活需求的持续升级 ··· 3
二、非物质文化遗产旅游相关概念界定 ······································ 4
　（一）非物质文化遗产 ··· 4
　（二）非物质文化遗产旅游 ··· 7
三、非物质文化遗产旅游发展的学术研究现状 ·························· 8
　（一）非物质文化遗产旅游的价值 ··· 9
　（二）非物质文化遗产旅游的持续性与开发模式 ················· 11
　（三）非物质文化遗产旅游开发中的问题 ····························· 12
　（四）将非遗融入生活、融入旅游的对策研究 ····················· 13
　（五）未来的研究趋势 ··· 14
四、非物质文化遗产与旅游融合发展的当代价值 ···················· 16
　（一）促进文化传承与创新 ··· 16
　（二）提升文化认同感与社会和谐 ··· 17

（三）推动旅游经济提档升级 ………………………………………… 18

第二章　非物质文化遗产与旅游融合的逻辑基础：文化再生产 ……… 19
　一、非物质文化遗产作为文化资本的特质和表达 ……………………… 20
　　（一）非物质文化遗产作为文化资本的特质 ………………………… 20
　　（二）非物质文化遗产作为文化资本的表达 ………………………… 23
　二、非物质文化遗产在旅游活动中的价值拓展 ………………………… 25
　　（一）制度化的路径 …………………………………………………… 25
　　（二）物化的路径 ……………………………………………………… 26
　　（三）行为的路径 ……………………………………………………… 27

第三章　江苏省非物质文化遗产旅游开发的现状 ……………………… 30
　一、江苏省国家级非物质文化遗产的特点 ……………………………… 30
　　（一）水韵江南的基因 ………………………………………………… 30
　　（二）地域特色鲜明 …………………………………………………… 31
　　（三）多样性和丰富性 ………………………………………………… 31
　二、江苏省国家级非物质文化遗产的分类和分布 ……………………… 32
　　（一）江苏省国家级非物质文化遗产的分类 ………………………… 32
　　（二）江苏省国家级非物质文化遗产的分布 ………………………… 33
　三、江苏省非物质文化遗产旅游活动的开展 …………………………… 35
　　（一）吴文化区 ………………………………………………………… 35
　　（二）楚汉文化区 ……………………………………………………… 38
　　（三）淮扬文化区 ……………………………………………………… 43
　　（四）金陵文化区 ……………………………………………………… 46
　四、江苏省非遗旅游的阶段性成效 ……………………………………… 49
　　（一）政策体系基本形成 ……………………………………………… 49
　　（二）非遗基地成为文旅融合的引擎 ………………………………… 52
　　（三）非遗旅游产业链的多样化 ……………………………………… 53
　　（四）非遗旅游精品体验形成品牌效应 ……………………………… 53

（五）数字化与新媒体非遗产品营销 …………………………… 54
　　（六）无限定空间非遗进景区的创新探索 ………………………… 55
五、江苏省发展非物质文化遗产旅游的主要困境 …………………… 57
　　（一）传承人"断崖"的连锁效应 …………………………………… 57
　　（二）非遗旅游产品创新力仍显不足 ……………………………… 58
　　（三）"过度"与知识产权保护意识不足 …………………………… 60

第四章　江苏省非遗与旅游融合模式分析 ……………………… 62
一、非遗与旅游融合模式的类型 ……………………………………… 62
　　（一）演绎式融合模式 ……………………………………………… 63
　　（二）生活化融合模式 ……………………………………………… 65
　　（三）展示化融合模式 ……………………………………………… 66
　　（四）点线串联融合模式 …………………………………………… 68
二、民俗演绎：溱潼会船节 …………………………………………… 69
　　（一）溱潼会船节的发展历史 ……………………………………… 69
　　（二）溱潼会船节的"变" …………………………………………… 71
　　（三）溱潼会船节的"新" …………………………………………… 74
三、休闲生活空间：秦淮灯会 ………………………………………… 76
　　（一）秦淮灯会的发展历史 ………………………………………… 76
　　（二）生活场景与传统文化的融合 ………………………………… 78
　　（三）家庭与社区凝聚的休闲空间 ………………………………… 79
　　（四）沉浸式非遗旅游体验 ………………………………………… 80
四、中国镇江醋文化博物馆 …………………………………………… 81
　　（一）中国镇江醋文化博物馆概况 ………………………………… 81
　　（二）互动制作＋研学体验 ………………………………………… 83
　　（三）文化传播＋技艺传习 ………………………………………… 84
　　（四）融媒体＋智慧文旅 …………………………………………… 85
五、串联成线的"非遗嘉年华" ………………………………………… 86
　　（一）非遗主题休闲展会 …………………………………………… 86

（二）非遗主题旅游线路 ………………………………………… 87
　　（三）非遗景区综合体 …………………………………………… 88

第五章　非物质文化遗产旅游满意度分析：基于游客的视角 …… 90
一、旅游者与非物质文化遗产旅游的主客关系 ……………………… 90
　　（一）旅游体验是非遗保护和传承的重要方式 ………………… 91
　　（二）旅游者的态度对非物质文化遗产资源开发的影响 ……… 91
二、非遗旅游满意度指标体系的构建 ………………………………… 92
　　（一）游客满意度 ………………………………………………… 93
　　（二）非遗旅游与游客满意度的相关研究 ……………………… 95
三、调研与数据分析 …………………………………………………… 96
　　（一）研究方法 …………………………………………………… 96
　　（二）研究结果与分析 …………………………………………… 97
四、调研小结与启示 …………………………………………………… 107
　　（一）调研小结 …………………………………………………… 107
　　（二）实践启示 …………………………………………………… 108
　　（三）局限性与未来研究 ………………………………………… 109

第六章　非物质文化遗产旅游融合发展的新理念 ………………… 111
一、基于游客体验的发展理念 ………………………………………… 111
　　（一）满足游客不同层次的体验感 ……………………………… 111
　　（二）提高游客的参与度与满意度 ……………………………… 112
　　（三）寻找游客与地方文化良好互动的渠道 …………………… 112
二、深度休闲与非遗传承 ……………………………………………… 113
　　（一）深度休闲对非遗传承的意义 ……………………………… 114
　　（二）非遗深度休闲的三大维度 ………………………………… 116
　　（三）"活"在深度休闲中的非遗 ……………………………… 119
三、数字化场景与原真场景的融合 …………………………………… 120

第七章 江苏省非物质文化遗产旅游的多维发展路径 …… 124
　一、健全非遗旅游管理与工作机制 …… 124
　　（一）培养文化共享共建价值观，增强认同感 …… 124
　　（二）坚持可持续原则，促进非遗文化传承与共享 …… 125
　　（三）完善利益表达与监管机制，共促协商多赢局面 …… 126
　二、培育非遗旅游消费新产品与新业态 …… 128
　　（一）推动非遗数字化文创可持续发展 …… 128
　　（二）打造非遗旅游新 IP …… 129
　　（三）大力推动研学旅行产业的发展 …… 130
　三、优化非遗旅游融合模式与空间载体 …… 132
　　（一）面向生活与大众，搭建表演艺术展示平台 …… 132
　　（二）重点深化点、线、面联动开发 …… 133
　　（三）拓展融合发展的空间载体 …… 135

参考文献 …… 137

附件 …… 143

后记 …… 153

第一章

绪　论

一、非物质文化遗产与旅游融合发展的时代背景

（一）非物质文化遗产传承与保护的重视

非物质文化遗产是民族文化的精髓,是历史的见证,是绚烂多彩生活的象征。非遗旅游的融合发展是新时代传承与弘扬优秀传统文化的必然选择。国际社会在20世纪末21世纪初开始重视非遗文化多样性的保护和促进,这一趋势的一个重要标志是联合国教科文组织于2003年通过的《世界非物质文化遗产保护公约》。该公约强调了非物质文化遗产的重要性,以及每个国家应该采取措施保护、传承和促进非物质文化遗产。2005年印发的《国务院办公厅关于加强我国非物质文化遗产保护工作的意见》(国办发[2005]18号)是我国最早的非物质文化遗产政策文件之一,它建立了第一批国家级非物质文化遗产代表作名录,为建立我国非物质文化遗产代表作名录体系奠定了政策基础。

旅游开发与非物质文化遗产保护是相辅相成的。江苏省地域辽阔,文化多元,同时拥有丰厚的自然资源和人文资源,为江苏省旅游产业蓬勃发展奠定了坚实的基础。江苏省的非物质文化遗产众多,截止2023年年底,江苏省非遗资源共计28 922项。昆曲等11个项目入选联合国教科文组织人类非物质文化遗产代表作名录,入选数量居全国各省、市之首。全省入选国家级非物质文化遗产名录项目162个,入选数量名列全国各省、市前茅。同时,全省已建

立起较为完整的国家、省、市、县四级非物质文化遗产名录体系,为中国乃至世界文化多样性贡献了"江苏色彩"。

将非物质文化遗产融入旅游,让游客亲身感受并参与其中,不仅能够提高人们的文化素养,还有助于激发民族自豪感,使优秀传统文化得以传承与弘扬。与此同时,从文化全球化的角度看,全球化使得文化交流更加频繁和深入,非物质文化遗产旅游成为一种促进文化交流的手段,使游客能够深入了解、亲身体验和参与不同文化的传统。这有助于增强文化的多样性,同时也为国际友人在旅行过程中理解中国文化、了解中国传统提供了机会。

(二)旅游业高质量发展的要求

旅游业在 20 世纪末和 21 世纪初蓬勃发展,成为全球最大的产业之一。随着人们日益增长的美好生活需要的不断增长,旅游休闲的热情也持续升温,但旅游产品同质化问题也越来越严重,游客对旅游价值的感受较为单一,难以找到独特的体验与感受,制约了旅游行业的进一步发展。这一问题的突破口便落在非物质文化遗产与旅游的融合发展上,它满足了旅游市场关于多元化、个性化、地方化、文化性和互动性的全面需求。而且,游客越是重视与当地文化和传统的互动和体验,非物质文化遗产作为旅游吸引物,其引力就越大。中国拥有丰富的历史文化遗产和深厚的文化底蕴,将文化作为旅游产品的文化创新点,对海内外的游客都具有较高的吸引力,可以为当地带来可观的收入。据江苏智慧文旅平台监测数据综合测算,2023 年上半年,江苏省接待境内外游客 4.78 亿人次,同比增长 98.3%;实现旅游业总收入 6 100 亿元,同比增长 83.5%,按可比口径分别比 2019 年同期增长 10.7% 和 2.3%。据银联商务数据,2023 年上半年,全省文旅消费总额 2 523.59 亿元,同比增长 31.8%,文旅消费总额占全国的 10.2%,位居全国第一,文旅市场恢复程度好于全国。① 在新时代的背景下,推动非物质文化遗产与旅游深度融合发展,将为旅游业注入新的活力,成为一种新的旅游业态。在这个过程中,我们需要深入挖掘非物质

---

① 上半年我省旅游业总收入 6 100 亿元[EB/OL]. 新华日报,2023-07-1807:45. http://www.jiangsu.gov.cn/art/2023/7/18/art_84322_10954274.html.

文化遗产的内涵与价值,大力发展具有深刻地方文化内涵的旅游产业,让非物质文化遗产与旅游"双向奔赴",开启深度融合发展的精彩旅程。

(三)数字技术发展的推动

互联网和数字技术的快速发展使信息的传播变得更加便捷,这为非物质文化遗产的推广和宣传提供了新的路径。党的二十大报告对"实施国家文化数字化战略"进行总体安排和部署,从宏观层面持续强化对文化数字化转型的顶层设计。"十四五"期间,国务院在《"十四五"文化和旅游发展规划》中也明确了任务:"完善非物质文化遗产调查记录体系,加强档案数字化建设,推进非遗资源数据的共享利用"。在政策利好的推动下,通过不断的实践探索,数字化技术由最初作为非遗保存、记录、展示的辅助性工具,到现在起到了在非遗与旅游融合创新发展上的核心技术支持作用。数字化让非遗旅游突破时间、空间的局限,实现更广泛的跨距离、跨时空的融合发展。社交媒体、虚拟现实和增强现实技术等数字工具使游客能够提前了解和熟悉他们的体验项目,同时也增加了这种文化体验的互动性和趣味性。参与者不仅是观看非遗表演或非遗物品的展出,而是通过数字化进行沉浸式空间互动和虚拟体验,让非遗在旅游领域中的应用范围快速增加。

(四)美好生活需求的持续升级

非遗与旅游业的叠加发展是积极响应国民美好生活需求升级的表现。现代社会中,人们越来越关注文化体验和个人成长,而非物质文化遗产旅游的诞生恰恰回应了这一需求,它让游客能够深入了解、亲身体验和参与非物质文化遗产元素。这种旅游形式不仅提供了娱乐的功能,尤其是非遗与研学旅行的结合在教育启发、创新创意作用上具有明显的优越性,促使游客自觉地萌发尊重和珍惜传统文化的意识。非物质文化遗产的保护是为了传承文化,这是文化发展的需要;对非物质文化遗产进行旅游开发,目的是通过开发,促进旅游经济发展,这是经济发展的需要。旅游开发不仅可以作为一种保护宣传方式,提高人们对非遗保护的意识,还能拓宽非遗保护资金的渠道,解决资金匮乏的问题。因此,兼具文化效益和经济效益的旅游开发是非物质文化遗产活态生存的一条适宜的出路。我国旅游业一直有与非遗结合的传统，但前期依赖政策主导，未能形成良性增长格局。

当前，非物质文化遗产旅游的兴起与发展受到文化多样性的保护、旅游业的崛起、数字技术的发展、可持续旅游理念、文化交流与全球化以及社会文化需求的变化等多重因素的推动。这一旅游形式不仅有助于文化的传承和保护，还为社区发展和经济增长提供了机会。在不断变化的时代背景下，非物质文化遗产旅游有望继续发展，并为社会各界带来更多的机遇和挑战。为持续推动江苏省非遗与旅游的深度融合发展，需要理顺其发展的逻辑基础，不断挖掘典型实践模式，总结经验，形成强强联合、相辅相成的良性循环。如何推动两者合力联动、多方面、多范围产业重塑与再造，使旅游业迈向新的文化休闲时代，为文旅市场的拓展与升级打开新的增量市场，成为当下的重要课题。

二、非物质文化遗产旅游相关概念界定

（一）非物质文化遗产

非物质文化遗产是人类文明的瑰宝，凝结着世界文化发展进程中的累累硕果。中国是一个多民族国家，其悠久的历史和灿烂的文明留下了诸多丰富的民族传统和生活文化，反映在许多现有的非物质文化遗产中，其中，许多在历史、艺术、宗教、社会学、语言学、文学、工艺品和其他方面具有独一无二的价值。非物质文化遗产来源于人们长期的生活实践，它与人们的生活密切相关。它贴近现实，贴近生活，贴近群众，具有民族性和大众性的特点，与先进的文化建设相联系。旅游资源是旅游业发展的重要基础，旅游资源可以分自然资源和人文资源两种，自然资源往往由于其独特的外在面貌被众人关注，人文资源却很少被关注。在十九大报告中就已明确提出，要深入挖掘中华优秀传统文化，结合时代要求继承创新。非物质文化遗产是构建文化自信、弘扬传统文化

的重要内容。以旅游为载体、以非物质文化遗产为文化内容的文旅融合发展模式是传承传统技艺、提高地方文化旅游软实力和创新社会经济发展的有效方式,也是为非物质文化遗产在现实生活中找到生存土壤提供了新契机。因此,引导非物质文化遗产与旅游融合发展,进一步挖掘其内涵,加快形成文旅新发展格局,对促进文旅产业蓬勃发展具有重要意义。

非物质文化遗产的概念从提出到确定是一个循序渐进的过程。在18和19世纪,一些语言学家、民间学者试图记录世界上的口头文化传统,但是直到1982年召开的世界文化政策会议颁布的文件中,"非物质遗产"的概念第一次正式公告,这是一个象征性事件。然而,该概念的系统化表达被推迟到21世纪,2001年联合国教科文组织发布首批19种人类口头和非物质遗产代表作,中国的昆曲入选。联合国教科文组织对非物质文化遗产的概念也是越来越完善,在2003年10月17日议定了《保护非物质文化遗产公约》,这是当时世界上首次对非物质文化遗产提出的比较全面的定义。联合国教科文组织于2011年11月29日基于根据《急需保护的非物质文化遗产名录》,又增列出11种非物质文化遗产,其中有7种是中国文化遗产。随着我国对文化遗产保护事项的不断推进,也慢慢认识到对非物质文化遗产忽视这一问题,逐步将非遗保护和传承提上了议事日程。2011年,《中华人民共和国非物质文化遗产法》颁布实施。2021年,中共中央办公厅、国务院办公厅印发《关于进一步加强非物质文化遗产保护工作的意见》,明确并不断完善国家级非遗代表性传承人认定和管理办法、国家级文化生态保护区管理办法等。全国31个省(自治区、直辖市)出台非遗保护条例,一些市、县出台地方性法规,非遗保护工作制度化、法治化水平持续提升。我国的非遗保护名录体系也随着不断完善。截至2023年年底,政府认定各级非遗代表性项目10万余项,其中,国家级非遗代表性项目5批1 557项;认定各级代表性传承人9万多人,其中,国家级非遗代表性传承人5批共3 068名。全国设立23个国家级文化生态保护(实验)区。43个项目列入联合国教科文组织非遗名录名册,居世界第一,为世界文化多样性贡献了"中国色彩"。中央财政累计投入国家非遗保护资金105.12亿元,安排18.45亿元用于实施国家级非遗保护利用设施建设项目。

联合国教科文组织关于非物质文化遗产(intangible cultural heritage)的

定义是世界各国都普遍认可的,它认为非物质文化遗产是指被各社区、群体,有时是个人,视为其文化遗产组成部分的各种社会实践、观念表述、表现形式、知识、技能以及相关的工具、实物、手工艺品和文化场所。这种非物质文化遗产世代相传,在各社区和群体适应周围环境以及与自然和历史的互动中,被不断地再创造,为这些社区和群体提供认同感和持续感,从而增强对文化多样性和人类创造力的尊重。结合国内的研究和实践,我们可以从下五种特性上来剖析非遗的本质:

第一,活态性。非遗是传统的、当代的,同时也是鲜活的。非物质文化遗产不仅代表着从过去继承传统,而且还包括当代的农村和城市实践,其中有不同的文化参与群体。非物质文化遗产的生命力实质上是一种以人为本的生活文化,强调知识和技能的转移。它使非物质文化遗产能够参与当前的生产和生活,通过特定的技术过程表达特定地区的历史记忆和生活条件,并继承国家的集体精神和特定的知识和技能。此外,非物质文化遗产的生命力不仅包括遗产,还包括变化。非物质文化遗产是通过社会与自然环境的相互作用而创建的,并在不断变化的历史和人类环境中进行创新。

第二,包容性。包容性要求在保护非物质文化遗产时,同时考虑到其传承和发展的需求。传统的文化表达形式需要保持和传承,但也应该允许它们与现代社会的变化相适应,推动其进一步发展和演变。包容性还意味着平等对待各种非物质文化遗产。非物质文化遗产是各个社群、群体和个人在不同地域和文化背景下创造、发展和传承的,具有多样性和独特性,无论是来自主流社会还是边缘社群,都应该得到平等对待和尊重。这也包括保护和传承那些在社会中处于弱势地位的文化遗产。各种非遗表达形式都应该得到尊重和保护,无论其大小、地位或背景如何。非物质文化遗产不仅属于特定的社群或个人,也属于整个社会。因此,包容性要求社会的各个成员都能参与到保护、传承和发展非物质文化遗产的过程中,并分享其中的好处。无论是来自邻村、城市,或已被移民和在不同地区定居的人们,非物质文化遗产在为人们获得身份感和文化连续性等方面作出了贡献,并为我们的过去、现在、未来提供了一个链接。

第三,地域代表性。非物质文化遗产不应只被作为一种文化物品来评价,而应该在比较的基础上,对其排他性或特殊价值进行评价。非物质文化遗产的民族性与地域性表现得极明显,不同地理区域的文化传统和非物质文化元素在语言、宗教、风俗、生活方式等方面都有所不同,地域代表性有助于保存和弘扬这种多样性。某些非物质文化元素成为特定地区的标志性代表,因此,这些元素在地域内被广泛认可和赋予特殊意义。例如,一些节庆活动、传统手工艺、音乐和舞蹈表演可能已经成为某个地方的象征。

第四,以社区为基础。非物质文化遗产只有在被那些创造、保持、传递它的社区、群体、个人承认时,才能算是遗产。除了他们,没有任何外人能为他们决定某个特定的表现形式或实践是他们的遗产。它以社区为基础蓬勃发展,依靠着某些人,而这些人将传统、技能和习惯等代代相传给社区的其他人或其他社区。非物质文化遗产有助于社区展示其文化认同和传统。这些元素不仅在本地社区中传承,还在外部吸引更多人关注,进而有助于社区的自豪感和认同感的强化。

第五,以人为载体。非遗有一个极为突出的特质,它依托于人本身而存在,以声音、形象和技艺为表现手段,并以身口相传作为文化链而得以延续,是"活"的文化及其传统中最脆弱的部分。因此,对于非物质文化遗产传承的过程来说,人的传承就显得尤为重要。它是一种以民族特别的存在方式为沉淀的,是民族鉴赏和华夏文明的生动显现。

时代和社会环境在不停变化,非物质文化遗产也在蜕变的过程中不断创新,这样就使得我们对非物质文化遗产本身也形成较高的认同感,加速了人类文明的多元化。现在,社会各界越来越重视非物质文化遗产,经常引用非物质文化遗产来作为当地的名片。非物质文化遗产资源的价值越来越为公众所认知。

(二) 非物质文化遗产旅游

以非物质文化遗产作为旅游资源,并加以合理开发,用特色的地域文化和深厚的文化底蕴吸引旅游者的一项旅游活动,称为非遗旅游。学者认为遗产旅游应是一种以非物质文化遗产为核心,旨在推动文化传承、创新和可持续发展的旅游形式,它可以通过游客的参与和体验,促进非物质文化遗产的传承和保护[①]。非物质文化遗产旅游,涉及的领域很广,包括民间习俗、传统的音乐、舞蹈、传统手工技能、民间文学和传统美术等形式,这些对旅游参观者来说存在神秘感,吸引游客不断去探寻。这种强调文化多样性和互动性的旅游体验,通过游客与非物质文化遗产元素的互动,让游客有机会了解、尊重和欣赏不同文化的传统和实践[②],传递特定社区、地区或国家的文化价值观、传统和身份。非物质文化遗产旅游的目标是促进文化的传承、保护、推广和可持续发展,同时为游客提供深度的文化体验和教育。

非遗旅游的内涵是由非遗的五大特性决定的。非遗旅游是非遗活态性的体现,以旅游的形式来传承非遗文化;非遗旅游是非遗包容性的延伸,非遗能够与旅游、教育、数字化等经济模式进行再生与创新存在形式;非遗旅游以人为载体、以社区为基础,决定了非遗旅游资源的稀缺性和异质性,是保证非遗旅游吸引力的最要因素;非遗的地域性和民族精神是非遗旅游的文化内核,也是非遗旅游能给游客带来独特文化体验的深层原因之一。

三、非物质文化遗产旅游发展的学术研究现状

自2023年联合国《保护非物质文化遗产公约》(以下简称《公约》)通过以来,非物质文化遗产旅游受到了国际专家与学者的关注,成为世界性的研究课题。我国于2004年加入该《公约》,目前是拥有人类非遗数量最多的国家。然而,数量多并不代表非遗生存与发展状态良好,相反,意味着承担更大的保护、传承非遗的责任。非遗保护的难点在于其存在形态的抽象性、不易察觉性、延续条件的综合性和复杂性,以及公众自觉保护和传承意识差、传承过程的艰难

---

① 张舸,魏琼."静态"保护向"活态"传承的转身——非物质文化遗产保护与旅游业开发的互动研究[J].广西社会科学,2013(8):5.
② Tian, Y., & Schuett, M. A. (2018). Exploring the Role of Non-material Cultural Heritage in Sustainable Tourism: A Case Study of Two World Heritage Sites in China. Sustainability, 10(11), 4080.

性和中断现象的产生、经费不足等常见阻碍。如何突破困难、开拓新的保护思维、寻找新的理论支撑及有效的传承途径,成为学界聚焦的核心问题。

当前,非遗与旅游相关主题的研究主要从以下四个方面概述:

(一) 非物质文化遗产旅游的价值

随着国际文化多样性的提倡和交流的深入,非物质文化遗产的概念与内涵也被逐步完善,从民间到民族,从国有到社会、社区拥有,成为一个庞大的文化体系,涉及人类文化的各个范畴和形态。当前,关于非物质文化遗产旅游的研究大都隐含在遗产旅游的大背景之中,从对目的地社会、文化转向旅游者、社区和政府等利益相关者的研究(李娴,高院,2019)[①]。学者使用 CiteSpace 分析了 2005—2022 年非物质文化遗产旅游研究的出版量[②],并提取了热门关键词和热点研究主题。结果显示,文化旅游、真实性、可持续发展和保护是国内外的共同话题,而忠诚度、动机、保护和质量则是近年来国外期刊的新兴关键词。

非物质文化遗产资源范围广阔,类型多样,是发展遗产旅游的基础和载体,也是其开发对象。某一特定类型或若干类型组合的非物质文化遗产的旅游开发价值,是学界研究的重点之一。孙九霞(2010)认为,旅游是文化遗产保护的一种选择,保护和走可持续发展路径是非物质文化遗产发展和管理的必然选择,将有效增强非物质文化遗产的生命力,延长非物质文化遗产的生命周期[③]。贺剑武、高艳玲(2010)认为,民俗节庆类遗产具有深厚的宗教文化、农耕文化等文化内涵和悠远的历史渊源,具有重要的开发价值[④]。曾芸(2010)以贵州石桥古法造纸为例,指出发展传统手工艺是文化旅游的良好资源[⑤]。林德

---

① 李娴,高院. 民族非物质文化遗产旅游开发价值评价与实证[J]. 贵州民族研究,2019(6):8.

② Yang Y. Protective Tourism Development of Intangible Cultural Heritage of Ethnic Minorities in the Context of Integration of Culture and Tourism Social Science. 2021,4:64-9.

③ 孙九霞. 旅游作为文化遗产保护的一种选择[J]. 旅游学刊,2010(5):2.

④ 贺剑武,高艳玲. 民族地区手工技艺类非物质文化遗产开发式保护研究——以广西壮锦为例[J]. 青海民族研究,2010(3):5.

⑤ 曾芸. 民族地区非物质文化遗产开发与保护研究——以贵州石桥古法造纸为例[J]. 大众文艺:学术版,2010(12):1.

荣、郭晓琳(2018)认为,随着旅游需求的增长,很多物质和非物质遗产的价值重新被人们发现和认识,成为重要的旅游吸引物,我们看到了文化遗产在新时代旅游需求下生命力的涌动[①]。董鸿安(2019)认为,在少数民族非物质文化遗产产业化开发之前,首先要对其进行大普查,在此基础上筛选出经济价值和知名度都很高、利润较为丰厚、能够转化为文化资本的非物质文化遗产,这样才能结合市场需求对该产品实施产业化开发利用[②]。

关于非遗旅游的文化性质、真实性及其社会发展中的价值变迁一直是研究的热点。随着人们对美好生活标准的提升,旅游需求已从传统观光型向文化体验性转变,非遗成为重要的旅游吸引物,其价值正在重新被人们发现、认识。非遗为旅游的特色化、品质化、效益化发展开辟了新路径[③](刘社军,吴必虎,2015);旅游为提升非遗的吸引力、竞争力、影响力提供了新平台[④](曹帅强,邓运员,2014)。也有学者将非遗称为脆弱遗产,并分析了其地方性、民族性或普遍性的特点,指出全球化背景下文化产业、文化旅游、移民等诸多挑战都与非遗有深刻的联系(Olcer Ozunel,2018)[⑤]。关于非遗旅游的原真性、商品化、地方性也逐渐引起学者的思考。学者以韩国为案例研究,探讨非物质文化遗产从业者在将非物质文化遗产作为可持续旅游资源开发方面的优先事项,研究发现,从非物质文化遗产从业者的角度来看,真实性是一个综合概念,包括传承的风俗习惯、继承的意义和从业者的身份认同(Soojung Kim,2019)。一些学者提出,非物质文化遗产旅游开发是一个构建过程,涉及旅游主体体验真实性和旅游对象真实性的相互构建。同时,通过多维和多层次的非遗文化展示,可以满足旅游主体的真实体验,并实现非物质文化遗产的传播、延续、融合

---

① 林德荣,郭晓琳.让遗产回归生活:新时代文化遗产旅游活化之路[J].旅游学刊,2018,33(9):3.

② 董鸿安,丁镭.基于产业融合视角的少数民族农村非物质文化遗产旅游开发与保护研究——以景宁畲族县为例[J].中国农业资源与区划,2019(2):8.

③ 刘社军,吴必虎.非物质文化遗产的基因差异及旅游发展转型[J].地域研究与开发,2015,34(1):5.

④ 曹帅强,邓运员等.非物质文化遗产景观基因的挖掘及其意象特征——以湖南省为例[C]//"传承与创新"全国地理学研究生联合会成立十周年庆典暨第九届京区地理学研究生学术论坛.中国地理学会;全国地理学研究生联合会,2015.

⑤ Kim S, Arcodia C, Kim I. Critical success factors of medical tourism: The case of South Korea[J]. International Journal of Environmental Research and Public Health, 2019, 16(24): 4964.

和创新(王磊磊,2023)。①

(二) 非物质文化遗产旅游的持续性与开发模式

关于非遗旅游的可持续性方面,学者通过对世界各地非遗旅游案例的分析,提供了多样性和有效性的展现模式。在保护和发展的问题上,学者们持辩证的态度看待非物质文化遗产的旅游发展,并认为应坚持保护性发展的概念,即应基于保护非物质文化遗产的内涵开展旅游发展,实现文化保护和旅游发展的相互促进和融合②。例如,意大利西西里木偶戏旅游的发展,带动了木偶制作、博物馆、各类木偶剧场的兴建与演出,"盘活"了多个主要城市的第三产业。除了欣赏西西里的自然风光之外,游客还会购买一些木偶礼品,这成了新的旅游增长点。此外,意大利的古镇在非物质文化遗产保护和旅游开发中有独特的经验。如意大利的那不勒斯的 Santa Chiara 历史综合体,下面在考古,上面可开会,古镇的独特建筑风格、传统节庆等非物质文化元素成为吸引游客的亮点,同时,它们也警示保护古镇原有的文化特色,在旅游开发中保持平衡。这就是典型的国际非遗旅游活化的案例。这也不难理解为何意大利政府会将非遗纳入全国经济统筹发展的统一"棋局"。

从非物质文化遗产旅游模式的角度来看,王雪(2022)归纳了博物馆静态展示、旅游节庆、生态博物馆、演艺展示和旅游商品这五类非遗旅游融合发展模式③。余丹(2009)认为,国家节庆旅游的发展可以促进保护主体向多元化方向发展,并实现从被动保护到主动、静态、动态保护方向的转变,这有助于形成发展和保护之间的良性互动循环④。Tan, S. K. (2018)从利益相关者的角度谈论非遗旅游的可持续性利用与保护,如社区参与对非物质文化遗产旅游发展的重要性,有助于非物质文化遗产可持续发展的"人—地点绑定"元素,以及

---

① 王磊磊. 真实性视角下的非物质文化遗产旅游开发研究[D]. 华东师范大学,2008.
② 马知遥,常国毅. 非物质文化遗产保护与传承深化阶段——2011—2020 年热点问题研究综述[J]. 原生态民族文化学刊,2021,13(6):44-59.
③ 王雪,秦欣欣. 文旅融合背景下的博物馆展览创新探索[J]. 文化创新比较研究,2020,4(31):175-177.
④ 余丹. 民族节庆旅游开发与非物质文化遗产保护互动模式研究[J]. 西南民族大学学报(人文社会科学版),2009(9):4.

这些元素如何帮助遗产旅游的可持续发展[①]。国外研究者在探讨游客参与非物质文化遗产旅游后产生的文化认同感时发现,游客通过亲身体验非物质文化遗产,更容易产生对当地文化的认同感,这有助于促进文化传承和地方社区的发展。王荻、袁尽辉等(2010)认为,非物质文化遗产的理想开发状态是依托其物质载体[②]。据此,他们主张,可依托非物质文化遗产的物质载体,在旅游发展中按主题深入、联合集中和附着扩展等模式对其进行开发。王雪、杨存栋(2011)分析了博物馆静态展示、旅游节庆、生态博物馆、演艺展示和旅游商品五种非遗旅游模式的优劣势,提出各自的开发方向。非物质文化遗产具有活态、流变、脆弱的特点[③],蔡朝双(2011)认为首先要对其进行静态开发即博物馆展示,为了弥补参与性、体验性不足,根据非物质文化遗产的特殊性、旅游者需要以及旅游产业特点,继而还可以对传统表演类文化资源进行动态参与开发[④]。谌世龙、吕观盛(2010)以桂北为例,从资源开发的角度,提出了应从构建融博物馆和主题公园为一体的非遗综合展示园区、建立非遗旅游开发示范研究基地、打造非物质文化旅游节庆、建设戏曲曲艺演艺场馆、设计非遗旅游线路共五种开发模式[⑤]。

(三) 非物质文化遗产旅游开发中的问题

随着经济全球化和城市化进程的加快,在文旅经济快速发展的同时,也产生了一些值得反思的情况。近些年,文化旅游产业得到商家的广泛关注,非物质文化遗产的商业价值也从这里体现出来。于是他们将非物质文化遗产作为文化旅游业中的主打内容,为了获取更多的市场,尽可能地利用各种资源,发

---

① Tan, S. K., Tan, S. H., Kok, Y. S., & Choon, S. W. (2018). Sense of place and sustainability of intangible cultural heritage—The case of George Town and Melaka. Tourism Management, 67, 376-387.

② 王荻,袁尽辉,许劼.历史城镇非物质文化遗产的旅游开发模式浅析——以码头古镇为例[J]. 上海城市规划,2010(3):52-56.

③ 王雪,杨存栋.非物质文化遗产旅游开发路径分析——以内蒙古为例[J]. 经济论坛,2011(12):36-42.

④ 蔡朝双.非物质文化遗产旅游开发模式探讨——以福州市为例[J]. 长春理工大学学报(社会科学版),2011,24(4):3.

⑤ 谌世龙,吕观盛.桂林市非物质文化遗产旅游开发模式探讨[J]. 创新,2010(6):21-22.

掘了更具有特色的文化项目,导致非物质文化遗产遭受到一定程度的破坏。甚至有的不良开发商以文化旅游开发为名,肆意地利用非物质文化遗产,使其遭受到不可恢复的毁灭。虽然从非物质文化遗产的长久留存来看,合理的利用开发有利于它的传承与发扬,但是不合理利用很容易让其遭到损坏。因此,非物质文化遗产需要在保护的同时进行合理的开发,发挥其价值,让它能够长久地流传下去,让它在产生价值的同时得到保护,很好地保持了文化生态的平衡。王振艳、高玉霞(2011)认为,非物质文化遗产的开发难点在于其存在形态的抽象性、不易察觉性、延续条件的综合性和复杂性,并指出公众自觉保护和传承意识差、传承过程的艰难性和中断现象的产生、经费不足等是常见的非遗合理开发的阻碍[1]。例如,游客可能缺乏对非物质文化遗产的尊重和理解,可能会对遗产物品进行破坏。此外,大量的游客涌入可能会对当地环境和社会带来负面影响。罗茜、彭华(2012)运用博弈论分析保护性开发中的关系链,寻找各利益方最佳的合作方式,为非遗旅游开发中的利益冲突问题提出解决策略。非物质文化遗产旅游项目没有考虑到可持续性发展的因素,过分依赖短期经济效益,没有采取措施来保护和传承非物质文化遗产。李虹、朱晓敏(2012)指出目前非物质文化遗产旅游开发中普遍存在着文化冲突、内容雷同、开发深度不够、体验性较差等问题,应该通过充分挖掘非物质文化遗产的特色内容、开发多样的旅游产品以及与旅游企业全面合作等途径实现全方位的旅游开发[2]。一些非物质文化遗产项目因追求经济利益而过度商业化,忽视了对文化传承的重要性。这可能导致非物质文化遗产的变形、流失和非真实呈现。

(四)将非遗融入生活、融入旅游的对策研究

探究非遗与旅游融合发展过程中政府、市场机构的政策措施、管理方法以及相应的法律保障手段,是学者们应对非遗旅游可持续性发展的主要策略方

---

[1] 王振艳,高玉霞.对非物质文化遗产保护开发问题的思考[J].河北青年管理干部学院学报,2011,23(1):97-99.

[2] 李虹,朱晓敏.辽宁省非物质文化遗产旅游开发存在的问题与设想[J].大连大学学报,2012,33(2):112-116.

向。针对此类问题,亚洲地区的韩国、日本在这方面的研究呈现出的共性是强有力的政策、制度辅以合适的保护载体来共同保护非遗。英国在非物质文化遗产保护上没有从顶层设计出发,而是"繁荣"了地方政府的立法,地方政府在非物质文化遗产保护上扮演主要角色。瑞士、芬兰等国家不仅考虑维护文化生态、保护文化多样性,而且还看到了极具特色和魅力的非遗旅游能够催生新的行业和产业,促进服务业快速发展,带动就业和居民收入水平提高[①],致力于构建一套非遗旅游的市场操作模式,以较好地实现社会效益和经济效益的统一。而今,越来越多的国家开始注意到非物质文化遗产旅游的机制和保护研究的重要性。高寿福(2008)、青峥(2007)等学者对韩国、法国和意大利等先进非遗保护与旅游利用的国家措施和方式进行了研究和总结,指出这些国家不论是从全民普遍意识还是国家的社会保护体系都处于世界领先地位,有诸多方法可供我国非遗的旅游活化提供参考和借鉴。吴必虎、王梦婷(2018)认为,真正用起来的文物,才能保护好。通过旅游互动进行文化遗产的活化,是一个非常重要的方法:旅游驱动文化遗产的活化利用,是所有地方政府(包括保护部门)应该共同承担起来的一个社会责任。遗产的活化要通过利用来保护,而不是关起来保护,"福尔马林"式保护,那样操作易行,但没有技术含量,更实现不了代代传承的目标。

(五) 未来的研究趋势

综上所述,国内外的研究都表明非物质文化遗产旅游在全球范围内具有重要价值和发展潜力。国内研究聚焦于不同地区的案例分析和相关理论探讨,丰富了对非物质文化遗产旅游的认识。国外研究则为我们提供了宝贵的国际经验。国内近年来非物质文化遗产旅游开发的研究文献虽然不少,但还是远逊于物质文化遗产旅游开发的研究,其理论研究也不成熟。从静态保护到动态传承的研究趋势,让文化遗产不再仅仅是政府和市场的范畴,而是更多地回到百姓的生活逻辑之中。林德荣、郭晓琳(2018)指出,融入文化旅游和户

---

① 令狐青. 提高非物质文化遗产的经济效益[EB/OL]. 人民日报,2013-6-24. http://opinion.people.com.cn/n/2013/0624/c1003-21951221.html.

外教育，通过旅游开发，使文化遗产得以活化，或许才是新时代文化遗产的传承延绵之路。习近平总书记曾多次在讲话中强调，要让文物"说话"，要让遗产在保护的过程当中适度利用，在利用的过程当中实现双重的目标。简而言之，就是要实现遗产活化。

在理论创新上，可持续发展理论成为非遗旅游发展的指导方向。非物质文化遗产旅游必须在保护文化传统的基础上，促进地方经济的可持续增长。研究者在探讨非物质文化遗产旅游发展时，普遍关注可持续发展理论的应用。通过研究不同地区的案例，他们提出了关于如何平衡文化保护与旅游开发之间的关系建议。

在实践创新上，社区参与非物质文化遗产旅游成为新的实践方向。研究者认为，非物质文化遗产的传承与发展需要社区的积极参与。他们调查了一些地方社区在非物质文化遗产旅游中的角色，发现积极的社区参与能够增强当地居民对文化传统的认同感，同时创造更具吸引力的旅游产品。

非物质文化遗产作为优秀传统文化资源，在当今不仅要面向传统进行抢救、保护和传承，而且更要面向现代，充分挖掘其潜在的社会价值和经济价值，通过生产创造、产品创意和技术创新进行转化，让其在当下继续发挥重要作用。当前，面对日益增加的文化遗产名录，开辟新的可持续传承之路成为更加紧迫的任务。简单地交给市场去解决这个问题，其弊端已为政学两界所熟悉，无需赘言。问题的关键是如何引入旅游这一强有力的力量来参与且能够持续有效地推动非遗的活性传承与发展，这将是未来研究的重点和需要努力的突破点。

在文旅融合的背景下，未来的研究要深入挖掘非物质文化遗产的本质、旅游市场发展的实际需求以及两者融合发展的逻辑基础，运用游客满意度理论、旅游可持续发展理论、社会心理基础理论和遗产活化论等理论，对非物质文化遗产的旅游开发成效与困境开展具体案例分析，通过非物质文化遗产旅游开发的潜力评价选择适合的开发模式，最终为非物质文化遗产旅游活化提供理念与实践指导，提出非物质文化遗产与旅游业叠加共振发展的建设路径。

四、非物质文化遗产与旅游融合发展的当代价值

非物质文化遗产是中华文化的活化石,当务之急是集聚众人之力合力保护非遗并将非遗更好更完整地传承下去。近年来,我国对非遗的保护作出了很大的努力,完善了非物质文化遗产保护的法律体系,培育了众多针对非遗保护的人才,财政上大力支持非遗的保护与传承。我国一直重视非物质文化遗产的保护传承发展,在目前的国家政策上,无论是深化改革、对外开放,还是"一带一路"的发展,都体现了国家对非遗保护传承发展的重视。保护文化遗产,保障民族文化的传承是振兴中华文化、联系民族情感的纽带。非遗的传承不仅是民族发展、社会稳定的重要基础,也是促进新时代发展、国际交流的重要基石。非物质文化遗产旅游作为一种特殊的旅游形式,它不仅促进了文化传承与创新,还为地方经济发展注入了活力,同时提升了社会和谐和文化认同感。通过合理开发和管理,非物质文化遗产旅游有望在当代社会中发挥更加积极的作用。

(一) 促进文化传承与创新

非物质文化遗产是我国文化的一块瑰宝,代表了中华上下五千年所留下的优秀文化。当今社会非遗的一项重要使命就是传承并发扬中华民族的优秀文化。非物质文化遗产的文化传承与创新已成为当今社会一个炙手可热的话题。非遗是人类社会发展和进步的产物,是对历史文化传承最好的见证。在这个信息化的社会,文化遗产的传承保护发展显得尤为重要。人类科技的发展或多或少地影响着非物质文化遗产的文化传承,《公约》的公布也是充分考虑到经济全球化所导致的"强势文化"对"弱势文化"造成的巨大压力、灭失性的侵害、文化生态的干扰等,采取的保护世界文化多样性的积极措施,从人类发展的价值角度来看,《公约》的制定原则考虑"符合现有的国际人权文件,各社区、群体和个人相互尊重的需要和顺应可持续发展的非物质文化遗产",这

里可以明确地看到非物质文化遗产对文化多样性保护的内在价值。

非物质文化遗产是代代相传的宝贵文化资源,通过旅游的方式将其呈现给游客,实际上是一种文化传承的方式。江苏省内的传统民间艺术、手工艺技能等,通过非物质文化遗产旅游得以保护和传播。例如,扬州的传统戏曲、无锡的丝绸制作工艺等都通过旅游吸引游客的关注,进而推动传统文化的传承和发展。

此外,非物质文化遗产旅游还促进了文化的创新。在传承的基础上,一些地区融入了现代元素,创造出新颖的旅游体验。例如,将传统技艺与现代科技相结合,创造出新的文化创意产品,吸引更多的年轻人参与,进而拓展了传统文化的表现形式。

传承与创新非遗文化不仅仅是对非遗文化的信息物质进行传播,同时也是一种精神上的传承。非遗文化的有效传承,能让人们提高对非遗的情感认同,有助于我国乃至世界上更多的人们认识到中华民族文化的博大精深,提升大众对中华优秀文化的喜爱度;有助于更好地保护非物质文化遗产,使其能够永远在后代中得以传承。

(二)提升文化认同感与社会和谐

我国民族文化的重要组成部分就是非物质文化遗产,它是历史文化传承与发展的果实,是历代积淀的精华所在,真实地反映了中华民族的文化信仰、思维模式、审美追求等民族特性。目前,在国外文化的冲击下,民族传统文化的生存和发展空间会面临日渐缩小的威胁。中华民族上下五千年经历过多次动荡不安、政权相争,最终仍能够安定统一、社会和谐,其中,民族文化的文化认同和文化的向心力、凝聚作用显得尤为重要。

非物质文化遗产的保护传承发展有利于逐步加强社会公众对民族文化的认同感,促进社会主义文化的建设,增强社会群众对非遗文化的认同感,促进文化遗产的可持续发展。同时,它更可以成为促进国家统一、社会和谐、各民族互相团结的核心和基础。非物质文化遗产在文化认同中有着不可代替的作用,非遗为中华文化的灵魂所在,不同时代的文化对社会发展有着不一样的影响。非遗作为一个特殊的历史产物,其不是一种有形的产物,而是通过多样的文本语言、人文描述、社会实践所产生的一种无形的精神产物。非物质文化遗产在保护传承发展的同时也展现出人们对不同事物文化的认知、认同,包括对群体文化的认同、对小众文化的认同、对历史文化的认同等。因此,非物质文化遗产旅游有助于提升当地居民的文化认同感,增强社会凝聚力。当地居民在非物质文化遗产的传承中扮演了重要角色,他们参与文化活动、提供文化服务,进而加深了对自身文化传统的认同感。这种认同感促进了社会和谐,减少了文化冲突和隔阂。例如,江苏省内的传统节庆活动,如春节庆典、灯笼节等,通过旅游平台得以更广泛地传播,吸引各地游客前来参与。这种活动不仅增强了当地居民的文化认同感,也拉近了不同地区的文化交流,促进社会和谐。

(三)推动旅游经济提档升级

非物质文化遗产是一种非物质形式的传统文化表现形式,如口头活动、传统技术、民间文学、传统美术、传统戏剧和包括原始民歌在内的民间活动。由于其非天然的使用价值,在商业领域也具有明显的经济特性。在现代市场经济中,一些非遗可以形成文化产业资本,发展成为文化产业,可以带来巨大的经济效益。

非物质文化遗产旅游不仅丰富了文化领域,还成为地方经济发展的重要引擎。江苏省的非物质文化遗产旅游吸引了大量游客,带动了旅游产业、餐饮业、住宿业等相关产业的发展。旅游消费的增加为当地创造了就业机会,提升了居民的收入水平。以南京的建筑遗迹为例,通过将历史文化融入旅游线路,吸引了大量游客前来参观,为当地的旅游业和相关产业注入了活力。这一现象反映了非物质文化遗产旅游对地方经济的积极影响。非遗旅游在丰富旅游产品与提升旅游品质方面尤其明显。在旅游市场日益严峻的竞争环境下,非物质文化遗产为旅游业注入了源源不断的创新动力。通过将非物质文化遗产赋予旅游产品以独特的魅力,为游客提供丰富多样的体验,将有助于提升旅游业的吸引力与竞争力,满足游客的精神需求,推动旅游业的可持续发展。

第二章

非物质文化遗产与旅游融合的逻辑基础：文化再生产

2003年，联合国《保护非物质文化遗产公约》首次明确提出了非物质文化遗产的概念，开启了世界范围内研究、保护和传承非遗的浪潮。我国于2004年加入该《公约》，目前是拥有人类非遗数量最多的国家。然而，数量多并不代表非遗生存与发展状态良好，相反，意味着承担更大的保护、传承非遗的责任。非遗保护的难点在于其存在形态的抽象性、不易察觉性、延续条件的综合性和复杂性，以及公众自觉保护和传承意识差、传承过程的艰难性和中断现象的产生、经费不足等常见阻碍。如何突破困难、开拓新的保护思维、寻找新的理论支撑及有效的传承途径，成为学界聚焦的核心问题。

1986年，法国社会学家布迪厄（Pierre Bourdieu）在《文化资本与社会资本》一文中，系统地提出了文化资本理论（culturalcapital）：它泛指任何与文化及文化活动有关的有形和无形资产。文化资本反映的是人们对一定类型和一定数量的文化资源的占有程度。非遗的本质是公共财富的制度性安排和历史结晶，是各族人民在日常生产生活中产生并流传后世的无形文化遗产，是民族个性、民族魅力的"活态"体现，代表着人类文化遗产的精神高度。此视角下，非物质文化遗产属于布迪厄文化资本概念的范畴。本章从文化资本的层面审视非遗与经济文化的关系，明确非遗文化资本属性的形成特征和表达形式，为非遗如何嵌入现代化生存空间、缔造文化共同体和建构文化认同等问题的研究提供新思路和新视角。同时，也为非遗融入市场、实现经济价值转化、扭转政府依赖性投入现状提供理论依据。

一、非物质文化遗产作为文化资本的特质和表达

历时悠久的中华文化,因其特有的稳定性和丰富性,孕育了众多非物质文化遗产。但并非所有的文化遗产都是文化资源,文化资源不是文化与资源的简单叠加,一种非物质文化遗产变成资源需要特定的历史条件。文化资源的本质特征是可以被转化为文化事业或产业,因此,能够满足人类的文化需求、为文化产业提供基础的非遗才可成为文化资源。例如,扬州漆器髹饰、宜兴紫砂陶制作、苏州缂丝织造等众多非遗技艺类主题旅游活动,它们具备一定的互动性和参与性,能让游客有机会亲身体验和学习非遗项目,这种体验可以增加游客的参与感和吸引力,能满足游客体验、互动的需求,就适合发展成文化旅游资源的一部分。文化资本来源于文化资源,文化资源向文化资本的生成需要社会的和个体的结构互动。除了历史的积累与自然的生成外,还需要三种重要策略,即区别异己争夺大众、争夺资本获得霸权性、符号再生产追逐利益化。这三种策略的背后揭示的是非遗作为文化资本生成的内在特质:区别他者、资本权力生成和获利性。

(一) 非物质文化遗产作为文化资本的特质

1. 区别他者

布迪厄认为:"资本是积累的劳动,当这种劳动在私人性,即排他的基础上被行动者或行动者小团体占有时,这种劳动就使得他们能够以物化的或活的劳动的形式占有社会资源。"[①] 非物质文化遗产之所以能成为特定地域的文化资本,其核心要素就是区别他者的特质,体现为排他性或独特性。这种独特性是由特定区域的民族特色、地方文化、社会生活方式综合而成。这种区别异己

---

① 戴维·斯沃茨著. 文化与权力:布迪厄的社会学[M]. 陶东风,译. 上海:上海译文出版社,2006.

的特性使得不同类型的非物质文化遗产占据特定的与众不同的位置。例如，同是刺绣类技艺非遗，不同地域文化的绣法各有特色，无锡精微绣、南通仿真绣、广东粤绣、苏州苏绣、成都蜀绣、山西高平绣活等，在用材、针法、色彩运用、风格上却是春兰秋菊，各有所长。如果千城一面、千篇一律，便会失去非遗的个性与特色。对文化资本而言，缺乏了独特性或稀缺性，就相当于缺失了辨识度，便会失去大众的肯定和拥护，最终将动摇其存在的合法性和合理性，相关的传承价值、保护制度也将如摧枯拉朽般地倒塌而不复存在。非遗作为中国崛起的一个独特文化资本，在国际上拥有较高的影响力与竞争性，这也是国内诸多的非遗纪录片、非遗获奖作品常被西方发达国家的权威媒体所热捧的原因之一。正所谓，"越是民族的，越是世界的"，正因为非遗的独特性、多样性，才能成为世界文化遗产中独具自身文化特色的一面旗帜，而不至于被同类文化所遮蔽，成为"刷新"地方文化存在感的重要载体。

2. 资本权力生成

如果说通过区别他者塑造一种稀缺性、独特性主要归因于非遗自身的历史与地域文化的长期积累，获得资本的支持与权力实施的合法性就需要国家与社会制度的赋予，它主要通过非遗社会地位公认性的获得和文化遗产保护制度体系的建构来实现。一方面是非遗社会地位公认性的获得。文化资本可以带来经济价值，其实质是一种注意力经济。世界非遗名录、国家级非遗名单、省市级非遗保护项目、非遗传承人级别等，通过等级划分或具有社会认可度的某种名誉来获得社会关注度、社会文化的合法性，并形成隐形的符号资本，从而获得在非遗资源开发、非遗资本转化过程中的特殊权力或优待性。例如，南京云锦织造技艺拥有世界非遗、国家非遗的双重名誉，享有"中国皇家织造""中国织锦技艺最高水平代表""灿若云霞""金丝龙袍"等美誉。这些都为南京云锦灌注了正统、高端、尊贵、稀有的独特标识或隐形符号资本，也为其在高端的国家级接待、展会、文化交流等诸多领域赋予了流通的合法性和权力。

另一方面是非遗文化保护体系的划定与建构。从加入联合国《保护非物质文化遗产公约》(2004)开始到《国务院办公厅关于加强我国非物质文化遗产保护工作的意见》(2005)、《国家非物质文化遗产保护专项资金管理暂行规定》(2006)、《中华人民共和国非物质文化遗产法》(2011)、《文化部关于加强非物质文化遗产生产性保护的指导意见》(2012)等一系列非遗保护与传承法律法规的出台、实施,使非遗在法律、行政管理、专项资金、传承人培养、产业融合与流通等领域都获得了制度保护。此类文化保护体系和制度的建构都是以非遗的真实性、整体性和传承性为核心要素,使非遗在生产、流通、销售等传承与再生产过程中获得社会化、合法化和可操作化的制度支持。

3. 获利性

布迪厄指出:"资本是以同一的形式或扩大的形式去获取生产利润的潜在能力,资本也是以这些形式去进行自身再生产的潜在能力。"[①]作为文化资本的非遗,其一大特征就是可以转化为经济效益,追求利益的再生产。非遗是社会生产的产物,是各族人民世代相承的、与群众生活密切相关的各种传统文化表现形式,诸多非遗在其产生之初就是以进入市场、获取利益交换为目的,并遵循着市场的发展规律。古时,通过非遗产品与相关劳动换取经济回报为目的的非遗实践,并非是现代意义上保存在博物馆里的"非遗",而是作为一类人生存的方式,或者称之为赖以生存的"活计"。大多数的民俗活动、表演艺术、技艺类非遗、传统医药知识和技能都是如此。

澳大利亚麦考里大学经济学教授戴维·思罗斯比(David Throsby)认为,文化资本是以财富的形式具体表现出来的文化价值的积累。[②] 在非遗所构画的文化空间中,非遗产品的文化资本就是它所凝结的文化价值,经济价值是资本表现的形式,其衡量标准是所蕴含的文化价值的大小。因此,非遗的传承与保护不仅要面向传统,更要面向新时代,充分挖掘其潜在的社会经济价值,通过生产创造、产品创意和技术创新进行"活化",让其在当下继续发挥重要作用,成为社会经济发展的一个重要方面。当然,此处需要区分的是获利性与产业化的不同,获利性是一种潜在能力、经济价值指向,是指非遗本体或非遗元素、符号具有融入教育、旅游、医疗、文创等多行业进行资源利用和开发,从而实现经济价值追求的可能性和价值性;产业化则是过程取向,通常理解为运用

---

① [法]布尔迪厄(Pierre Bourdieu). 布尔迪厄访谈录——文化资本与社会炼金术[M]. 包亚明,译. 上海人民出版社,1997.
② 黄胜进. 从"文化遗产"到"文化资本"——非物质文化遗产的内涵及其价值考察[J]. 青海民族研究,2006(04):10-12.

机械化、规模化的方法或途径就非遗本身进行大量生产与销售。获利性是非遗作为文化资本的特质之一,但能否通过产业化来实现非遗的获利性却是值得商榷的。

(二)非物质文化遗产作为文化资本的表达

作为典型的文化资本,非物质文化遗产在文化资本的三种存在方式上拥有一一对应的表达。布迪厄认为,文化资本一般是以三种方式存在:客观的形态、具体的形态和体制的状态。非遗最显而易见的表达便是客观形体的物件与作品——物化的载体,其对应的是客体化文化资本的存在形式。"文化资本借助一定的现实载体,拥有物化的形式"[①],这是文化资本在社会生活中最为熟悉的存在方式。非遗的资源范围广阔,类型多样,除了少量口头传统和纯表现的形式之外,民间文学、传统音乐、传统舞蹈、传统戏剧、曲艺、传统体育、游艺与杂技、传统美术、传统技艺、传统医药等其他大类都有具体的现实载体,既可以是直接传递的非遗手工产品、表现道具、文字载体,也可以是融入非遗元素的广义的文创作品,如非遗中的晋北鼓吹的唢呐、晋南的威风锣鼓、龙泉的青瓷、陕西的皮影等。

文化资本的第二种存在方式,布迪厄称其为具体的形态,是以精神和身体的持久"性情"为表达的形式,通常指人通过教育与学习、实践,形成的身体、精神和行动三位一体的知识、技能、气质等表现形式。正如物质财富可以通过劳动获得那样,文化资本可以通过不断地学习、练习和实践来积累和提高。不过,这种积累需要长期的训练过程,而且它最终也只能体现于特定的个人身上。因此,也称为身体化的文化资本。非遗身体化的文化资本最大的核心在于人——非遗传承人。非物质文化遗产传承人需完整地掌握该项目的传统知识或特殊技能,并具有传承能力和公认的代表性。2007年至今,我国已先后命名了五批3 068位国家级非遗代表性项目传承人。各级非遗传承人不仅肩负着延续传统文脉的使命,彰显着遗产实践能力的最高水平,还不断地将个性创

---

① 薛晓源,曹荣湘.文化资本、文化产品与文化制度——布迪厄之后的文化资本理论[J].马克思主义与现实,2004(1):7.

造融入传承实践活动中,对确保非遗的持久传承发挥着不可替代的作用。例如,国家级非遗项目苏剧、扬剧、柳琴戏、晋南眉户等传统戏剧类非遗的传承人无不有着几十年以上的从艺生涯,才能在戏剧中塑造多个不同类型的人物形象。传承人是非物质文化遗产的"活态"载体,不像物质产品,它是无法通过馈赠、买卖和交换进行既时的传承。但是,以这一方式存在的文化资本经历长期的积累,达到相应的高度和水平,通过投资于各种市场,如学校、学术、社交、劳动力市场,便可以和物质财富一样获取相应的回报。而且,这种回报既可以是金钱与社会地位等物质性利润,也可以是他人的尊敬或好评等象征性利润。

文化资本的第三种存在方式是制度化,即将行动者掌握的知识、文化与技能以考试等方式予以承认并通过授予合格者文凭和资格认定证书、政策法规等方式将其制度化。这种制度化让非遗获得了一种区别对待,被赋予文化资本一种完全原始性的财产,而非遗文化资本正是受到了这笔财产的庇护。就像证书、文凭等作为一种文化资本,具有一种文化特有的、约定俗成的、经久不变的、合法化的价值一样,非遗的等级认定是选拔性竞争,竞争的结果意味着非遗能否得到政府认可与社会资源支持,如非遗等级制度、非遗传承人等级制度等。布迪厄认为,制度化的背后是权力,人们可以清楚地看到体制性权力的行为魔力——那些较高级别的非遗拥有强迫别人接受社会公认性的权力。在制度的加持下,非物质文化遗产拥有特殊的权力,这种权力使它既可以转换成社会资本,也可以转换成经济资本。在现实的社会经济实践中,当地方文化形象、品牌、地标与非遗进行"捆绑",说明非遗已得到地方政府、民众的认可,并获得成为符号资本的权力。人们通过不同地域代表性的非遗符号,便能大胆构想地方的文化特征与整体形象。例如,惟妙惟肖的惠山泥人,古朴隽秀的无锡碑刻,质朴清雅的留青竹刻,精美细腻的宜兴紫砂,它们是江南地区传统民间技艺非遗的具体载体,之所以能成为江南地方文化的代表,恰是因它们获得了文化资本制度化的公认——象征着吴地古今物质和精神文明的辉煌与成就。由此可见,非遗在构建集体记忆、认同感、地方文化载体、品牌、形象等方面的价值,可视为其制度化权力的不同表达形式。正由于非遗的此种特殊文化资本价值的表达形式,也为非遗的"活化"利用与发展提供了新的可遵循的思路。

二、非物质文化遗产在旅游活动中的价值拓展

"文化资本可以进行积累和再生产,其实质是价值体系的不断拓展"[①],非遗在文化资本上可积累、可生产与经济效益方面的转化也是显著的。布迪厄指出:"文化资本内部不同形式间的转换体现了文化资本与其外部资本的转换。"通过非遗的传承、再生产、交易、流通、服务等环节,让其文化价值转化为经济价值,获得增量效应,并服务地方社会经济与文化发展,是非遗在不断变迁的社会环境中寻求传承与发展的转化方向。从文化资本层面看,非遗文化资本价值的积累、提升和转化可以通过三种路径实现。

(一)制度化的路径

制度化的路径应是实现非遗文化资本转化最直接的方法。伴随现代化进程的飞速发展,当代社会基本上建立了市场经济体制,但未能在文化领域形成相适应的认同机制。个体性的身份危机、地方文化认同感低、城市品牌"千城一面"等成为严重困扰地方经济与文化高质量发展的突出问题。作为地方文化典型代表的非遗是构建地域文化认同并塑造独具特色地方形象的重要内容和强有力的抓手。除了非遗等级制度、非遗传承人制度、非遗保护与发展规划之外,还需不断拓展非遗在国家战略、地方品牌文化等方面的文化张力,以社会认可为非遗创新发展的"权力"来源。在教育、旅游、科技等支柱性产业中获得话语权,将成为非遗从文化领域向经济领域转向实践中最坚实的后盾。以"一带一路"国家战略为例,通过非遗与国家战略的紧密结合,使非遗获得在世界范围内代表华夏文明的制度合法性,让非遗能凭借工匠精神与深厚的文化内涵大步走出国门。"一带一路"战略为非遗提供了良好的政策制度环境,非

---

① 叶设玲,潘立勇.非物质文化遗产传承与发展的形成,表达与转化:基于文化资本的视角[J].晋阳学刊,2022(3):6.

遗则为"一带一路"提供强大的文化资本支撑。非遗体现的是文化自信,更是一种文化认同,激励各国、各城市建立利益、命运和责任共同体,促进达成合作共识。

　　旅游是实现非遗价值转化的的最佳方式之一,关于旅游是如何在制度化路径上帮助非遗找到相应出路的,主要可以概况为以下三种路径。其一,建立非遗旅游的认证体系,对参与非遗旅游活动的机构、项目进行评估和认证,确保其符合非遗保护的要求和标准。《"十四五"文化和旅游发展规划》指出,要建设20个国家级非物质文化遗产馆,推出一批具有鲜明非物质文化遗产特色的主题旅游线路、研学旅游产品。非遗主题馆、体验馆、传习馆、博物馆,在传统节日、文化和自然遗产日期间组织非遗旅游宣传、展示活动,例如,通过办好中国非物质文化遗产博览会、中国成都国际非物质文化遗产节、中国原生民歌节等旅游活动,培育非遗旅游IP和品牌。在制度的引导下,公众会逐渐形成共识,将非物质文化遗产展示场所视为旅游目的地,培育主客共享的美好生活新空间。其二,可以依托文明古国论坛等国际平台,加强非物质文化遗产活态展示、主题旅游、特许商品的国际推广,建立中国传统节日和节气文化交流品牌集群。通过制度化的转化路径,非遗将不再止步于博物馆陈列或局限于国内群体,而将走出更为宽阔的国际化道路,在举办各类国际性传统文化展览会、博览会、文化互访交流活动或国际教育中开设非遗研学活动,将中国文化通过旅游推向世界。其三,完善代表性传承人制度,加大扶持力度,探索认定非遗代表性传承团体,在加强青年传承人培养的同时,要加强非遗旅游从业人员的引导、培训和教育,提升其专业水平和服务质量,增强非遗旅游的专业性和权威性。

(二) 物化的路径

　　物化的路径是非遗文化资本最外显的转化方式,其实质是作为文化资本的非遗借助产品创新、产业融合实现经济价值的实践过程。非遗的传承与保护不仅要面向传统,更要面向新时代,充分挖掘其潜在的社会经济价值,通过生产创造、产品创意和技术创新进行"活化",让其在当下继续发挥重要作用,成为地方社会经济发展的一个重要方面。在转化的过程中,非遗文化资本要化被动为主动，与经济资本积极结合，为非遗文化资本创造更多的外显机会，要主动地融入非遗产业与产品生产。融入当代产业体系、积极参与生产实践是非遗传承延绵、实现自身文化资本价值的有效路径。传承非遗创造精品固然重要，但是切不可脱离生活，应该大胆地选择传承与市场两条腿走路。以我国非遗项目的四大名绣为例，在商品经济条件下，一个绣种如果无法导入当代产业体系并在生产实践中得到积极应用，再辉煌的历史也避免不了消亡的危机。例如，内蒙古在推动王府刺绣的市场化实践中，通过政府与文化产业公司签订项目协议，用产业化运作与品牌化运营的模式，通过宣传推广、技能培训与提升、产品设计、生产及销售等具体工作，对王府刺绣产业进行全面整合，拉动王府刺绣产业创新，充分体现了文化资本的经济价值。当然，非遗走向市场之路必然面临众多问题，但是这不能否定其产业化、融入生活与实践的整体发展的可能性，因为这是由其文化资本的特征决定的。

非遗与旅游的融合正是一种有效的物化转换方式。近年来，非遗与旅游融合的趋势越来越明显，非遗旅游作为一种全新的体验形式成为现代旅游业发展的新亮点，两者既强强联合又相辅相成，成为创新传承优秀传统文化、提高地方文旅经济高质量发展的有效方式。非遗与旅游的结合正是一种非遗的有效活态传承，一方面，非遗旅游主题的演艺、互动参与和体验制作成为认知非遗、传承非遗的最佳时机，提升了游客对非遗文化深层次体验，丰富了景区的文化内涵；另一方面，非遗的旅游文创产品的物化式转化，将非遗元素融于景区纪念品、包装设计、品牌形象等，直接推动了非遗经济价值的转化和文化的创新发展，最终形成"以文养文、以文兴文"的良性循环。例如，英国、瑞士、芬兰等国家不仅考虑维护文化生态、保护文化多样性，而且看到了极具特色和魅力的非遗能够催生新的行业和产业，促进服务业、旅游业快速发展，带动就业和居民收入水平提高，致力于构建一套非遗的市场操作模式，以较好地实现社会效益和经济效益的统一。

（三）行为的路径

从静态保护到主动融入新一代人的生活，从文化知识向文化认知、文化认同衍生，是非遗文化资本转化及其多维价值实现须遵循的行为路径。米切尔·兰德曼(Michal Landmann)认为,既然文化形式是历史创造出来的,它们就不可能由遗传所传递。因其具有不可转让性而只能通过间接的方式——家庭文化、学校教育、休闲体验和社会影响的方式得到传递。[①] 非遗文脉传承的关键就锁定在人,如果某种非遗在一代人中没有实现传宗接代,便会从人类的文化遗产中永远消失,与之相对应的文化记忆与文化认同也将随着代际更替而不复存在。而文化认知、文化认同又来源于现实生活。非遗的传承发展与社会文化的变革是不可分割的,从城市布局、政治变革、经济改革、社会生活与风俗文化等大环境中所吸收的信息与因素,它们都将变成影响非遗传承人培养与成长过程中的某一个组成部分,这些文化变革、历史经历都会在记忆中留下痕迹,并最终表现在非遗的传承创新与革新发展上。相对应的,非遗传承人及其作品就保留了一定时期发展的历史印记,成为一代人对社会生活与文化的共同记忆。例如,为人所熟知的景泰蓝制作技艺、千层底布鞋制作工艺、曹氏风筝工艺等都是特定地域、特定年代的生活文化的表现。所以,最终被接受、被认可并能发展成为对民族、国家具有文化认同感的非遗,一定是"活在人生活中"的非遗。

　　加强非遗传承人文化资本的积累和转化、内生和外释,除了非遗直接传承人之外,还应该认识到培养大众欣赏非遗所需的身体化文化资本同样重要。非遗的传承与发展不再仅仅是政府的管理范畴,而应更多地回到百姓的生活逻辑之中,让文化遗产从"圈养"走向生活,成为一代人的记忆和经历才能长久不衰。要积极推动非遗在教育空间、旅游体验的行为转化。借助"非遗走进校园"活动,与地方代表性的特色非遗项目联合走进青年一代的学习生活中;要开展非遗旅游体验、演出、展览活动,讲解非遗文化,实现动态操作与静态文化相结合,近距离地感受非遗独特的文化魅力,融入新生代的成长记忆,汇入他们的生活体验,通过非遗的点滴浸润转化为对地方文化的认同感。同时,要积极推动非遗在日常生活空间的行为转化。非遗源于民间、兴于民间,也应归于民间、惠于民间,通过"非遗进社区"活动,潜移默化中影响社区民众对城市文化的感知和认同,营造浓厚的非遗氛围,满足人民群众日益增长的文化需求。

① [德]兰德曼.哲学人类学[M].阎嘉,译.贵州人民出版社,2006.

非遗文化资本在向社会化资本、经济资本转化的过程中,所采用的方法、形式多种多样,但所有活动和行为的最终路径归属必然是将非遗从高阁中释放出来,让其活在当下,"种植"在生活的土壤中,才能激发非遗的创新发展活力,孕育出更加丰富的文化意义。

总之,非物质文化遗产是一个具有多重属性的社会存在,当区别他者、资本权力生成和获利性的特质得到满足后,非遗将实现从文化存在、文化资源向文化资本生成的合理化过程。非遗物化载体、非遗传承人、等级规划及权力赋予是非遗文化资本在客观形态、具体形态和体制形态层面的表达。非遗文化资本的积累和转化、内生和外释,可通过制度化的等级框架获得创新发展的话语权,借助产品创新、产业融合实现经济价值的转化,遵循文化知识向文化认知、文化认同衍生的行为路径来推动非遗的传承发展与再生产。其中,非遗与旅游产业的融合,正是非遗从文化转化为文化资本,开展文化传承与文化再生的最佳方式之一。

第三章

江苏省非物质文化遗产旅游开发的现状

一、江苏省国家级非物质文化遗产的特点

(一) 水韵江南的基因

"水乡江苏"地处长江、淮河的下游,可以说,对于江苏而言,是水孕育了文明,是水支撑着发展。水不仅是江苏区域文化孕育形成和发展变迁的重要影响因素,更是理解江苏文化的关键所在。例如,京杭大运河不仅影响了沿线城市的职能、形态以及社会经济发展,而且运河带来的频繁人口流动和多元文化交流,使运河沿线人们的心理积淀、价值取向、风俗习惯同其他地区均有一定的差异。纵观国家级非物质文化遗产名录,不难发现江苏省的非物质文化遗产在整体上呈现出浓郁的江南韵味和水乡特色。水乡文化是江苏文化的重要构成因素,也构成了其区别于其他地区非遗的典型特征,体现在水乡民居建筑、水乡风味美食、水乡传统手工艺等多个方面。

江苏的水乡文化反映在与非遗传统手工艺的融合上,例如,苏州的丝绸制作与水乡的面料染色相结合,产生了独特的水乡丝绸。水乡地区还以竹编、草编等手工艺闻名,这些手工艺品中也融入了水乡元素,如水上生活场景和水生动植物的形象。江苏的水乡文化也反映在文学艺术和表演艺术非遗中,苏州

评弹以其独特的表演形式和取材内容,描绘了水乡的生活场景和风土人情;扬州花灯表演是传统的水乡节庆活动,以其灯笼艺术和水上舞台而著名。这些表演艺术展示了水乡文化的魅力和特色。江苏的水乡文化与多种传统节庆和水上活动更是密切相关。例如,传统木船制造技艺、泰州的秦潼会船节、茅山会船等古老的水上竞技吸引了众多游客和参与者。此外,水乡地区的水上灯会、渔灯节等民间节庆也是水乡文化的重要体现,展示了水乡地区独特的传统。江苏的水乡文化在非物质文化遗产中表现出独特性,反映了江苏水乡地区丰富多彩的生活方式和文化传统。这一特点使江苏省的非物质文化遗产在全国范围内独具魅力,吸引了众多游客和文化爱好者的关注。

(二)地域特色鲜明

非物质文化遗产是悠久历史长河的积淀,是从古至今的活化石。它们在时代发展中不断焕发出新的活力,是地方文化自信和历史发展的载体。受到历史上人口流动和地理环境的综合影响,江苏各地都不同程度地受到齐鲁、中原、荆楚、吴越这四大文化中心的影响,使区域文化具有不同的文化内涵和文化性格,让江苏省的非物质文化遗产有着明显的地域性差异。江南吴地,吴侬软语,柔美清新,所以,苏南的非物质文化遗产有着雅致、柔美、精细的特色,舞蹈歌谣清秀灵动,传统手工玲珑多姿,戏剧戏曲细腻婉约;苏北地区平原辽阔,其山也高,其风也烈,因此,苏北的非物质文化遗产透露出浑朴、粗犷、刚劲之感,展现出楚汉雄风之刚烈,如柳琴戏、梆子戏的高亢激昂,剪纸、年画的古朴夸张;以江淮名城扬州为代表的苏中地区,可谓是兼综南北,柔中带刚,民俗传统闲适淳朴而又俚趣盎然,所以,苏中地区的琢玉髹漆独具匠心,说唱艺术雅俗兼备,平实之中藏着精致,精致之中又见平实。

(三)多样性和丰富性

江苏自古富庶繁华,拥有十分丰厚的非遗"家底",苏州昆曲和古琴艺术更是被纳入了世界人类口头和非物质文化遗产名录。江苏的传统民间手工艺也是匠心独运,宜兴紫砂壶、南京云锦、苏州刺绣、扬州漆器等闻名遐迩,享誉中外。截至2023年年底,共普查记录非物质文化遗产资源项目28 922项,11个项目入选联合国教科文组织人类非物质文化遗产代表作名录,入选数量居全国各省、市之首。拥有国家级非遗项目161个,国家级传承人178名。江苏省的表演艺术类非遗更是闻名全国,如苏州昆曲、苏州评弹、扬州评话、南京秦淮八艳等。这些表演艺术以其独特的表演风格和传统剧目而闻名,不同的表演形式反映了地方文化和历史背景的差异,为观众提供了多样的文化体验。

二、江苏省国家级非物质文化遗产的分类和分布

(一) 江苏省国家级非物质文化遗产的分类

联合国教科文组织在《保护非物质文化遗产公约》中提出,非物质文化遗产主要涵盖以下五个方面:(1)口头传说与表述类(其中包含非物质文化遗产的媒介语言);(2)表演艺术类;(3)社会风俗、礼仪、节庆类;(4)有关自然界和宇宙的知识和实践类;(5)传统的手工艺技能类。中国根据自身遗产的特点,将中国非物质文化遗产代表性项目名录分为十大门类:民间文学,传统音乐,传统舞蹈,传统戏剧,曲艺,传统体育、游艺与杂技,传统美术,传统技艺,传统医药,民俗。按照中国制定的非遗代表性项目名录分类统计,江苏省各非遗类型的数量如图3.1所示,其中,最多的是传统技艺类,最少的是传统体育、游艺与杂技类。

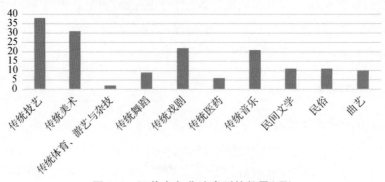

图3.1 江苏省各非遗类型的数量(项)

按照入选国家级非遗的年份划分,共有5批(见图3.2),分别为2006年、2008年、2011年、2014年、2021年,其中,入选数量最多的是2008年,共计62项,最少的是2021年,共计16项。

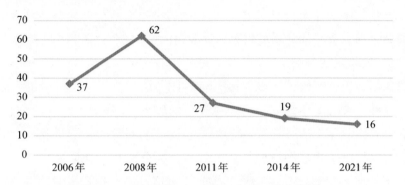

图3.2 江苏省国家级非遗入选时间及数量(项)

(二)江苏省国家级非物质文化遗产的分布

目前,江苏省非遗的保护与旅游开发工作大部分集中于申报的省级以上非遗项目。为了展现一幅清晰的江苏省非物质文化遗产城市分布图(图3.3),本书对江苏省13个省辖市所拥有的国家级非遗项目区域分布情况作了详细的调查统计(见附件1)。从13个省辖市的国家级非遗数目来看(图3.4),江苏省的非遗分布较广,遍布于各个城市。相比于苏北地区,苏南地区的非遗资源略显丰富,其中,苏南地区的非遗又相对集中于苏州、南京、扬州等地,苏北地区则以徐州、淮安、连云港等地较为密集。

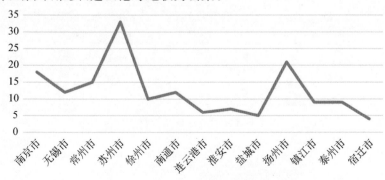

图3.3 江苏省各市的非遗数量(项)

江苏省地域广泛，涵盖了城市、农村、水乡和山区等不同类型的地域，非物质文化遗产也呈现出地区特性。如苏州的刺绣、南京的云锦、扬州的剪纸、泰州的秧歌制作等，每种技艺都有其独特的特点和风格，反映了不同地区的文化传统。苏州的刺绣注重精致和细腻，南京的云锦以繁复的图案和色彩而著称，扬州的剪纸则富有民间艺术的特色。同时，传统节庆非遗项目也是丰富多彩，多种多样，如苏州端午习俗、泰伯庙会、徐州伏羊食俗、秦淮灯会等。江苏省国家级非物质文化遗产中民间美术和传统手工艺类非遗在苏州和扬州地区尤为丰富。这些节庆活动不仅反映了农村社会的传统，还强调了社区团结和文化传承的重要性。每个节庆都有独特的庆祝方式、传统食品和表演活动，为当地居民和游客提供了难忘的体验。江苏省非遗的分布与各地区的历史背景、文化发展等多种因素密切相关。所以，在各个地区开发非遗资源时，要因地制宜地采取最适宜本地区的开发方式。

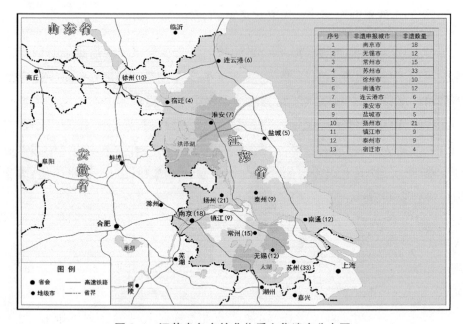

图 3.4　江苏省各市的非物质文化遗产分布图

三、江苏省非物质文化遗产旅游活动的开展

按照江苏省区域文化丛书编写的四分法(四个文化区域)来分析各文化区非遗旅游资源和非遗旅游开发情况,四个文化区域包括:以苏州为中心的吴文化区、以扬州为中心的淮扬文化区、以徐州为中心的楚汉文化区和以南京为中心的金陵文化区。

(一) 吴文化区

作为吴地人民数千年集体智慧结晶的文化遗产,名目繁多、灿若珍宝,书写着吴地的历史沧桑;作为中华民族优秀文化的重要组成部分,吴文化与中原文化、秦晋文化、齐鲁文化、巴蜀文化、闽粤文化等华夏文化既交相辉映,又独具特色。吴地文化遗产在触动情感、心灵的同时,蕴藏着巨大的旅游产业价值。烟雨江南的水乡情韵,柔婉浓腔的园林景致,激越深情的文人雅趣,志德仁善的古吴遗迹,在孕育出昆曲、苏绣、惠山泥人、宜兴紫砂、竹刻、剪纸等民间艺术奇葩的同时,更造就了独特的吴文化内涵与丰富的精神特质。

吴文化所涵盖的空间范围非常广阔,它包括长江中下游以太湖流域为核心,今苏州、无锡、常州、南京、镇江、扬州、湖州、嘉兴等省辖市,涵盖江浙二省,这些地区经济联系密切,语言、风俗、行为习惯又相对一致,是吴文化的核心区域,体现了吴文化的历史传承。吴地文化遗产丰厚,其中,苏州园林、南京明孝陵被列入世界文化遗产保护名录,无锡鸿山遗址被列为国家大遗址保护工程,惠山祠堂建筑群被列为申报世界文化遗产预备名单。在非物质文化遗产中,白蛇传传说、吴歌、苏州玄妙观道教音乐、昆曲等60项被列入国家非物质文化遗产保护目录。

近年来,无锡、苏州、常州等地都着力开发吴文化非遗主题旅游活动(见表3.1)。例如,无锡每年举办吴文化节,通过节庆的形式向海内外人士宣传无锡深厚的吴文化非遗底蕴;苏州的《苏园六纪》将被联合国教科文组织列为世界文化遗产的苏州古典园林搬上电视荧屏,从苏州状元、历史文人的人生进退

到文人治园,让人们了解吴文化的深邃;常州、扬州等地都推进古运河水上旅游项目的开发运作,以此保护和弘扬运河文化。各级市政府不断挖掘吴地文明,大力弘扬吴地优秀传统文化,采取了一系列措施对吴文化遗产进行保护与建设,引起了多方关注。

表 3.1　2019—2023 年吴文化区代表城市非遗旅游活动列表

序号	活动名称	活动时间	活动地点	主要内容	所在城市
1	2023 年无锡市"文化和自然遗产日"非遗宣传展示活动	2023 年 6 月	惠山古镇横街、下河塘广场、绣嶂阁广场	非遗名品、非遗美食、非遗文创集中展示;非遗影像展	无锡市
2	锡图非遗文化推广周	2023 年 7 月	无锡市图书馆	学习留青竹刻的雕刻流程与设计理念,以及精微绣的风格特点与艺术特色	无锡市
3	2022 年"文化和自然遗产日"	2022 年 6 月	无锡博物院鸿山遗址	支持网络视频平台联合举办 2022 年"云游非遗·影像展"活动,集中展播各类优质非遗资源	无锡市
4	2021 年中国大运河非遗旅游大会	2021 年 10 月	无锡市锡剧院	献演现代原创锡剧	无锡市
5	2020 年"文化和自然遗产日"非遗宣传展示活动	2020 年 6 月	无锡市文化和旅游局	2020 非遗影像展	无锡市
6	常州市"非遗进机关"系列活动	2023 年 3 月	常州市行政中心食堂前广场	35 项各级非遗代表性项目参加展示展销	常州市
7	非遗常州吟诵传青年线上活动	2022 年 5 月	腾讯会议线上直播	现场吟诵几首古代经典诗词,过程中不断讲解常州吟诵文化及其发展历程	常州市

(续表)

序号	活动名称	活动时间	活动地点	主要内容	所在城市
8	2021"激情之夏"常州文化旅游节非物质文化遗产展示展演	2021年7月	文化广场	精选传统音乐、舞蹈、戏剧、曲艺等非遗项目	常州市
9	非遗进景区——花谷奇缘	2020年10月	常州市金坛区花谷奇缘	将花神文化与西方古典园艺完美结合,以"花"旅游、"花"商品、"花"培训	常州市
10	"青果巷非遗集"	2020年6月	常州市文化馆	向社会公众宣传普及非遗知识、内涵和保护理念,展示非遗保护成果和生动实践	常州市
11	中国苏州江南文化艺术·国际旅游节	2019年5月	各地分会场活动	舞剧《运·河》、苏剧《绣娘》、昆剧《牡丹亭》等	苏州市
12	2022苏州非遗民俗体验活动	2022年6月	苏州护城河	"五色五黄避五毒""技艺体验·百余端午粽""木刻钟馗·吴地""端午景"等互动体验活动	苏州市
13	苏州市2022年"文化和自然遗产日"非遗宣传展示活动	2022年6月	苏州各地	甄选铺等线下展览、展示活动,线上直播、宣传活动	苏州市
14	苏州市2021年"文化和自然遗产日"非遗宣传展示活动	2021年6月	苏州市非物质文化遗产保护管理办公室	"苏州非遗·江南文艺"展演活动、"庆祝建党100周年——苏州非遗·江南织绣"特展	苏州市

(续表)

序号	活动名称	活动时间	活动地点	主要内容	所在城市
15	2021苏州首批非遗旅游体验	2021年6月	苏州太湖园博园	研发非遗课程、非遗研学游产品	苏州市

但是,在吴文化遗产资源的开发过程中,文化资源开发不平衡等问题依然存在,尤其是非物质文化遗产的生存空间在生存和发展方面遭遇到前所未有的挑战。民间竹刻、锡器创作工艺等濒临灭绝,锡绣、剪纸、锡剧、惠山泥人等呈萎缩趋势。因此,围绕文化遗产的核心价值进行旅游产业化运作及旅游文化产品的开发,显得非常迫切且必须。但是,当越来越多的非物质文化遗产资源被旅游产品化后,旅游产业化发展的模式越来越引起人们的关注和讨论,很多地方出现盲目跟从式开发,"千人一面"的现象愈加严重,忽视了非物质文化遗产资源自身的禀赋条件和区位状况。非物质文化遗产商品化既是机遇,也是挑战。一方面,非物质文化遗产重新被重视;另一方面,面临着文化品性的扭曲和改变,即过分追逐商业价值,对文化遗产安全造成极大的威胁。当文化沦为赚钱的工具时,就失去了其本身的价值,众多传承悠久的文化遗产精髓也会逐渐变质、衰微,乃至断裂消亡。

近年来,一些学者在分析吴文化资源开发的相关报告中,提出非物质文化旅游业的发展是吴文化遗产保护与开发的重要途径这一观点,这对吴地形成以吴文化为内涵的文化旅游产业体系产生了积极的影响。丰厚的吴文化底蕴,具有发展旅游文化产业得天独厚的优势,这不仅能在经济上带来很大的收益,更有利于提高吴地旅游文化产业的竞争力。对于旅游经济来讲,文化同样是提升现代旅游素质、品位,以及充实旅游文化内涵、提高旅游品质的重要内容,那些看似无形却胜于有形的底蕴厚重的吴文化遗产资源,恰恰是地方特定的、无可替代的宝贵旅游资源,是一座"旅游宝藏"。因而"文化兴旅"必然是吴地提升现代文化旅游品位的雄厚资本。形成以吴文化为内涵、江南水乡为特色、传统与现代相结合的吴地文化旅游产业体系,是吴地旅游产业发展的必然选择。

(二)楚汉文化区

楚汉文化以国家历史文化名城徐州(古代称彭城)为中心,覆盖徐州、盐城、宿迁、连云港地区,既是江苏地域文化主区之一,也是两汉文化的先声。它起源于 6 000 年前的青莲岗文化、大墩子文化、花厅文化乃至更早的下草湾智人文化,融合先秦黄河、长江两大文化体系,形成于秦汉之际的楚汉争霸时期,源远流长,南北共塑,博大丰厚。自汉代始,荆楚文化成为中华民族文化中重要的地域文化,荆州非遗是荆楚文化在当今文化中的遗存,极富楚文化特色。楚汉文化与其他地域文化相比,既有共同点,也有自身特点,其最鲜明的特征,可以概括为"刚强雄浑、尚武崇文、勇于竞争"十二个字。

诚如学者所言,非遗是地域文化的重要组成部分,二者相融共生,共同发展,在相互依存的文化语境中,非物质文化遗产成为地域文化的重要方面,也使地域文化的特征更为凸显,近几年,非遗旅游活动开展得如火如荼(见表 3.2)。以徐州为例,现有国家级文保单位 8 处 26 点,省级文保单位 29 处,国家级非遗 9 项,省级非遗 68 项。荆州非遗手工艺类项目工艺水平精湛,不管是青铜器的制作还是漆器胎体的制作,都体现了对先秦时期楚人手工技艺的模仿与传承,荆州民间刺绣品种多样,针法多变,色线掺和与镶嵌熟,花样绮丽,艺术价值高,地域特色鲜明,艺术风格具有楚文化色彩。在漆器的制作上,工序复杂,制作考究,造型奇异,图饰也多以先秦楚国的艺术图饰作为创作的源泉和对象,因而也具有了神秘的艺术色彩。不管是青铜器上的纹饰还是刺绣作品上的图案,都有着楚国手工艺术品的特征。2021 中国(徐州)首届非遗文化之旅通过非遗展示、会展活动、非遗文化旅游、研学等系列活动的组织、全媒体宣传,推动多行业深度跨界融合,引领非遗项目产业化发展,实现文化旅游产业的价值再造,促进城市和乡村旅游品质提升。

表 3.2　2019—2023 年楚汉文化区代表城市非遗旅游活动列表

序号	活动名称	活动时间	活动地点	主要内容	所在城市
1	2023 年"文化和自然遗产日"	2023 年 6 月	贾汪区吾悦广场	非遗＋农业、非遗＋商业、非遗＋美食、"非遗进校园"等展示展销	徐州市

（续表）

序号	活动名称	活动时间	活动地点	主要内容	所在城市
2	2022非物质文化遗产宣传展演活动	2022年9月	金鹰广场	舞蹈、梆子戏、朗诵、歌伴舞等非遗静态展示和非遗技艺体验	徐州市
3	2021"文化和自然遗产日"非物质文化遗产宣传活动	2021年6月	徐州文化馆、徐州民俗博物馆及徐州非遗保护工程中心等	12个优秀剧目，传统美术、传统技艺类的非遗项目，30多个非遗项目的传承人，现场展示制作技艺	徐州市
4	2020国潮汉风中医药文化节	2020年11月	徐州博物馆	挖掘民间传统中医药药方，开展广泛深入的走访调查	徐州市
5	2021"文化和自然遗产日"非物质文化遗产宣传活动	2019年6月	徐州彭祖园	《新的时代唱新歌》曲艺专场，非物质文化遗产代表作参加展示	徐州市
6	第23届连云港之夏旅游节	2022年8月	连岛大沙湾	发布连云港精品旅游线路	连云港市
7	2021年"文化和自然遗产日"非遗宣传展示活动	2021年5月	连云区"在海一方"海滨公园	歌舞《再唱山歌给党听》，海州五大宫调、淮海戏、东海吕剧、工鼓锣、苏北琴书等国家、省市级传统音乐、戏剧、曲艺类项目	连云港市
8	连云港非物质文化遗产活动	2021年5月	民主路文化街区	集非遗项目展示、展演、体验、研讨、教学、互动交流	连云港市

(续表)

序号	活动名称	活动时间	活动地点	主要内容	所在城市
9	连云港"非遗保护传承+"活动	2020年3月	民主路文旅街区	"民俗展演+节事活动""线上线下+场馆服务""展示展销+文旅街区""传统经典+研学线路""项目入驻+景区提质"	连云港市
10	2019年"文化和自然遗产日"非物质文化遗产宣传展示活动	2019年6月	线上线下	非遗保护机构、非遗学术研究机构以及图书馆、文化馆、博物馆、科技馆等公共文化机构	连云港市
11	《非遗里的中国》	2023年5月	建湖九龙口旅游度假区淮剧小镇	董永传说、淮剧、建湖杂技、东台发绣、大丰瓷刻等	盐城市
12	2023年"文化和自然遗产日"	2023年6月	东台西溪旅游文化景区	发布"水韵江苏"非遗精品旅游路线;文物事业高质量发展案例、文物新媒体传播精品等	盐城市
13	城市非遗购物节	2022年11月	东台西溪	云集了东台发绣、大丰瓷刻、盐都面塑等众多的非物质文化遗产	盐城市
14	让非遗"活"起来	2021年8月	淮剧小镇	"零距离"感受国家非物质文化遗产——淮剧的魅力;上线"中华淮剧"App;创建"淮剧城市会客厅"——喜马拉雅数字淮剧有声书屋	盐城市

(续表)

序号	活动名称	活动时间	活动地点	主要内容	所在城市
15	《只有爱·戏剧幻城》	2020年6月	荷兰花海	从"戏剧＋"的构想出发,将传统和现代戏剧、花海巧妙融为一体打造大型舞台剧表演项目,拥有六大剧场,每天约50多场戏剧同时上演。	盐城市
16	第八届"非遗大集"	2023年6月	宿城区文体中心西广场	丁嘴跑驴《喜乐乡村》、淮海戏经典剧目《樊梨花点兵》选段《点兵》、苏北琴书《烽火情》等9项非遗动态展演	宿迁市
17	第七届"非遗大集"	2022年6月	宿城区人民广场	云渡桃雕、面塑、草编、剪纸、糖画等非遗传承人现场演绎精湛技艺；苏北琴书、苏北大鼓、泗州戏、淮海戏、柳琴戏、洪泽湖渔鼓、丁嘴跑驴等地方特色非遗项目轮番登台表演	宿迁市
18	第六届"非遗大集"	2021年6月	筑梦小镇	毛孩大红枣扣肉、泗阳膘鸡、洋河车轮饼、李氏元宵等特色美食,云渡桃雕、剪纸、刻纸门花、烙书画、铝编、糖画、面塑等	宿迁市

(续表)

序号	活动名称	活动时间	活动地点	主要内容	所在城市
19	"非遗过大年 文化进万家"活动	2021年1月	泗阳县穿城镇小史集社区	核雕、旋木雕、剪纸、糖画、草编等非遗项目,钱集玉粉卷制作技艺、洋河车轮饼制作技艺、陶家熏肉制作技艺	宿迁市
20	宿迁第四届"非遗大集"	2019年9月	项王故里景区	淮海戏《借靴》、柳琴戏《三喜临门》、天岗锣鼓《窑上鼓风》等经典节目轮番展演,云渡桃雕、剪纸、旋木雕、泥塑等非遗项目传承人进行现场操作展示	宿迁市

(三)淮扬文化区

淮扬文化产生、发展于江淮之间,以水路交通枢纽城市扬州、淮安为中心,是江苏地域文化和运河文化长廊的重要组成部分。淮扬地区一直以来都是封建国家漕运和盐业的中心,是封建时代经济、文化最发达的地域之一。淮扬地区凭借历史上的数度繁华,形成了独特的地方区域文化,源远流长的文化底蕴、兼容并蓄的文化环境、绚丽多彩的文化成就和雅俗共赏的文化物质载体是淮扬文化最鲜明的历史特色。南北运河的开凿是淮扬文化形成的最关键因素,对淮扬文化的发展定型造成深远的影响。淮扬文化从产生到定型经历了漫长的历史过程。《尚书·禹贡》中的"淮、海惟扬州"是"淮""扬"现于古文献的最早记载,"扬一益二""七省通衢""南船北马舍舟登陆"是历史上淮扬地区数度繁华的真实写照,作为中国四大菜系之一的淮扬菜,以及被联合国教科文组织列入世界文化遗产名录的京杭大运河则是淮扬文化最直观的物质载体。不管是作为江苏地域文化和运河文化长廊的重要组成部分,还是其本身的价值属性,淮扬地域文化的特色和成因都是一个值得深思和探讨的课题。

　　声名远播的淮扬菜是代表淮扬地域文化的一张名片。淮扬菜作为我国著名的四大菜系之一,菜肴以造型优美、色泽艳丽兼具南北口味著称,讲究色、香、味、形、器五方俱美。能将饮食文化上升到艺术的层面也从侧面反映了淮扬地区的物阜民丰、繁荣煊赫。清末民初的政治家杨度记载:"淮扬菜种类甚多,因所代表之地域亦广,北自清江浦,南至扬镇。而淮扬因河工盐务关系,饮食丰盛,肴馔清洁,京中此类极多,但规模大者少耳。"加之江淮地区处于京杭大运河中段,是七省通衢、南船北马舍舟登陆之地,五方杂处,人流浩穰,这也为淮扬菜兼具南北口味打下了基础。

　　淮扬文化区非遗资源丰富,如扬州古琴艺术(广陵琴派)、高邮民歌、扬州清曲、扬州评话、扬州弹词等。其中,扬州戏曲和园林同样素负盛名。扬州戏曲的表演艺术种类众多,以具有喜剧风格,流行于苏北、江南、上海、安徽部分地区的扬剧最为著名。明清时期,扬州盐商富甲天下,有足够的财力建造精巧别致的园林。《扬州画舫录》有云:"杭州以湖山胜,苏州以市肆胜,扬州以园亭胜,三者鼎峙,不分轩轾"。乾隆嘉庆年间,甲天下的是扬州园林,而不是苏州园林。

　　淮扬地区一直以来都是封建国家漕运和盐业的中心,是封建时代经济、文化最发达的地域之一。淮扬文化介于南方吴越文化和北方徐楚文化之间,自诞生伊始,就带有多元性和复杂性的特点。淮扬文化繁荣于隋唐、定型于明清,京杭大运河开通后,加速了南北风习文化的传播和交融,并最终形成了独具特色的淮扬文化。近代以来,运河湮废,淮扬地区的经济发展水平大不如前,相较而言落后于苏南地区。发展淮扬文化区非物质文化遗产旅游,是为了增强淮扬文化更为广阔的辐射范围和更为深厚的历史底蕴,也是推动淮扬文化发展进步的重要抓手。近5年来,淮扬文化区的代表性城市在非遗旅游项目的开发上做了众多的探索(见表3.3)。例如,淮安市古称楚州,近年来该地投巨资实施了30多项文化旅游建设工程,全面打造六大文化旅游板块:以周恩来纪念馆为主的红色景区板块;以千年古镇河下为主的古镇风光板块;以中国漕运博物馆、淮安府署、吴承恩故居等为主的名胜古迹板块;以及休闲观光板块、农业生态板块和文化基础设施板块。2011年,中国漕运博物馆正式开馆,它是我国目前唯一反映中国漕运历史和文化的大型专题博物馆。当天,有着 640 年历史的淮安府署和历经千年沧桑的古镇河下正式开放。淮安府署奏出的民间古曲悦耳动听,河下古镇的"非遗产品一条街"丰富多彩,古文楼里飘出的淮扬菜香浓郁醉人。在开发开放诸多有形场馆和景点的同时,淮安还挖掘抢救了一批非物质文化遗产,其人文景观和自然风景的打造,特色文化和非物质遗产的挖掘,给淮安扩大了名气、增加了人气、提升了商气。

表 3.3　2019—2023 年淮扬文化区代表城市非遗旅游活动列表

序号	活动名称	活动时间	地点	主要内容	所在城市
1	淮安市"文化和自然遗产日"非遗宣传展示活动	2023 年 6 月	淮安市文化广电和旅游局	开展楚州十番锣鼓专场展演,组织淮安茶馓制作技艺、淮安蛋雕、糖画、线织画、淮阴根雕和扎染等非遗展示展销	淮安市
2	"文化和自然遗产日"非遗宣传展示活动暨非遗购物节	2022 年 6 月	御码头运河文化美食街区	指尖上的非遗、舌尖上的非遗、身边的非遗、文创潮玩生活秀、收藏鉴宝等	淮安市
3	2021 年"文化和自然遗产日"江苏省非遗系列活动	2021 年 6 月	淮安里运河畔	遴选惠山泥人、扬州通草花制作技艺	淮安市
4	第二届大运河文化旅游博览会分会场暨第三届中国(淮安)大运河文化带城市非遗展活动	2020 年 9 月	里运河文化长廊景区	加强对漕运历史文化遗产资源及其衍生的漕运指挥、漕船制造、漕粮转输、河道治理等漕运文化元素的研究	淮安市
5	2019 年"文化和自然遗产日"	2019 年 6 月	淮安大剧院和淮安市美术馆	仇桥杂技、建湖杂技同台演出,肩上芭蕾《梦幻之恋》、蹬鼓《丫丫戏鼓》、轻蹬伞《春暖花开》等	淮安市

(续表)

序号	活动名称	活动时间	地点	主要内容	所在城市
6	"瘦西湖非遗月"系列活动	2023年9月	西湖边	拓宽非遗旅游覆盖面,做好"非遗+景区"文章	扬州市
7	扬州2022年"文化和自然遗产日"系列活动	2022年6月	三湾大运河非遗文化园1号馆广场	雕版印刷技艺、杖头木偶、舞龙、傩舞(跳娘娘)、吴桥社火、裔家牛肉制作技艺等	扬州市
8	"非遗盛宴"	2022年6月	三湾大运河非遗文化园	"扬州非遗好物"购物平台线上直播带货	扬州市
9	扬州非遗展示进校园活动	2021年6月	扬州大学	清雅悠远的扬州弹词,活泼生动的杖头木偶戏,唱念做打的扬剧,嘹亮高远的扬州民歌	扬州市
10	"文化传千里,非遗进万家"系列活动	2019年12月	吾悦广场	扬州雕版印刷技艺、扬州剪纸非遗代表性项目	扬州市

(四)金陵文化区

金陵文化以长江南岸的宁镇山脉为地理背景,以三国东吴政权先建都京口(今镇江)后迁都建业(今南京)为契机,以江淮方言和吴方言相互并存与相互交融为语言文化特征,以今南京、镇江为中心地带。金陵文化也称宁镇文化,原因之一是镇江也曾称金陵。

金陵文化的第一个高峰为孙吴与东晋南朝的六朝文化,第二个高峰为南唐文化,第三个高峰是以朱元璋定都南京为起点的明清文化。南京负山带江,背靠宁镇山脉,濒临滚滚长江。人文景观极为丰富,位于秦淮河畔的瞻园,布局精致,曲折幽深,可谓"一拳代山,一勺代水",山水相映,宛若天成。镇江曾称京口、润州、金陵等,是一座滨江山林城市,城中有山,城外有水。长江与京杭大运河在这里汇就成"江河立交桥"坐标,金山之绮丽,焦山之雄秀,北固山之险峻。正是宁(南京)、镇(镇江)的青山碧水孕育着金陵的水文化与山文化。显然,金陵传统文化的特色之一是水文化与山文化相映,即道家的"智者文化"与儒家的"仁者文化"互补,是儒道合流的文化。

金陵文化区中的非物质文化遗产,除了南京白局、秦淮灯会、东坝大马灯等国家级非物质文化遗产,还有打罗汉、沈万三的传说、南京吆喝等省、市级非物质文化遗产项目。秦淮灯会与旅游融合成为典范。秦淮灯会又称金陵灯会、夫子庙灯会,是流传于南京地区的民俗文化活动,主要集中在每年春节至元宵节期间举行,持续50多天,是首批国家级非物质文化遗产,有"天下第一灯会"和"秦淮灯彩甲天下"的美誉,是中国唯一一个集灯展、灯会和灯市为一体的大型综合型灯会,也是中国持续时间最长、参与人数最多、规模最大的民俗灯会。虽说"千里不同风,百里不同俗",但南京南北交往频繁,往往是"南风北俗萃于一城",多方面地展示了民俗文化的风貌。早在六朝时,建康为都城,春节和元宵灯火极盛,为全国之冠。自明代以来,南京灯市盛传不衰。后来夫子庙增建贡院,加上秦淮河是当时南京的交通要渠,游帆舟旅,商贾往来,桨声灯影,异彩纷呈。金陵风味小吃"秦淮八绝"享誉天下。夫子庙元宵灯市、秦淮八绝、秦淮八艳等,几乎成为金陵俗文化的缩影。如果说传统非遗项目多以展示和产品开发为旅游经济增长点,大大小小的山水实景演出、文旅演艺和歌舞类表演等无疑就是对舞蹈、音乐、服饰、节庆、习俗等非遗文化的再开发,丰富的非遗旅游活动充分展示了金陵文化区的文化魅力(见表3.4)。

表3.4 2019—2023年金陵文化区代表城市非遗旅游活动列表

序号	活动名称	活动时间	活动地点	主要内容	所在城市
1	"非遗·无界"| 2023南京市"文化和自然遗产日"系列活动	2023年6月	南京夫子庙景区(门东历史街区明城墙主舞台)	非遗集市;"一带一路"非遗展;万象-2023南京艺术学院学生艺术展;非遗市集;少儿戏歌专场;非议奇妙夜;越剧专场	南京市

(续表)

序号	活动名称	活动时间	活动地点	主要内容	所在城市
2	端午节南京非遗江南丝竹民族音乐会	2023年6月	江苏大剧院——多功能厅	十首表演曲目	南京市
3	2022年南京市"文化和自然遗产日"非遗主题活动	2022年6月	金陵水乡钱家渡	依托紫金山新闻云空间,打造"云上非遗"交互平台,利用视频直播、线上展陈、短视频等云传播方式	南京市
4	2022年'5·18国际博物馆日'主题活动	2022年5月	南京市民俗博物馆	"江南丝竹"民乐团非遗民乐表演;黄玲玲团队讲述老南京的民风民俗;黄梅戏演出;茶艺表演;魔术表演	南京市
5	南京市2021年"文化和自然遗产日"非遗线上活动	2021年6月	"南京市海丝研究(非遗保护)中心"抖音官方平台及"金陵盛世堂"平台直播	南京雨花石鉴赏习俗、南京雨花茶制作技艺、南京云锦木机妆花手工织造技艺、绿柳居素食烹制技艺等非遗项目;非遗传承人分享地域特色文化	南京市
6	2023年"文化和自然遗产日"宣传展示系列活动	2023年6月	西津渡鉴园广场	"何以镇江"考古成果展、"非遗荟'镇'精彩"2023镇江非遗购物节等	镇江市
7	"运河·非遗·展演"非遗文创集市专场活动	2022年6月	苏宁广场	非遗文化演出;镇江醋文化博物馆、镇江南京设计廊金山店、镇江南田文化、镇江宜人紫砂陶艺到场展示了精美的文创产品;	镇江市

(续表)

序号	活动名称	活动时间	活动地点	主要内容	所在城市
8	"立体围读 寻迹镇江"	2022年6月	镇江博物馆	醋文化非遗传人乔师傅现场演示制醋工艺过程;"碑刻镇江 触摸精粹"走进焦山碑刻博物馆—体验焦山碑文的拓片技艺	镇江市
9	镇江宝华山第六届花山古庙会	2022年2月	镇江市非物质文化遗产保护中心	太平泥叫叫、铜版彩画、蛋壳雕画、面塑等手工绝技展演	镇江市
10	创成首批江苏省非遗旅游体验基地	2021年12月	西津渡景区、宝华山景区	创成江苏省工艺美术大师示范工作室,培育了镇江恒顺香醋酿制技艺、镇江宴春酒楼有限公司等省级非遗生产性保护示范基地	镇江市

四、江苏省非遗旅游的阶段性成效

非遗与旅游的融合,为推动非遗传承发展插上了高飞的翅膀,为非遗走向市场、走近大众提供了更多的可能,也为热爱旅游的人们提供了更多选择。作为资源丰厚的非遗大省,江苏省近年来通过市场唤醒"沉睡的遗产",积极探索非遗保护利用、有效"活化"的新路径,非遗与旅游深度融合取得了显著成果。

(一)政策体系基本形成

推动非遗与旅游深度融合,江苏省早有顶层政策设计和探索实践。

2018—2023年,每一年都从全省层面发布推动非遗发展的指导性意见(见表3.5)。在此基础上,无锡、镇江、常州、淮安等市纷纷出台地方性保护条例,全省非遗保护政策法规体系基本形成。其中具有标志性意义的主要为两个文件。其一是2022年2月,江苏省委办公厅、省政府办公厅联合印发《关于进一步加强非物质文化遗产保护工作的实施意见》,该文件提出:"支持非物质文化遗产项目与生产生活、创意设计、市场需求相衔接,促进合理利用;支持非物质文化遗产有机融入景区、度假区,建设非物质文化遗产特色景区,建好用好非遗旅游体验基地,促进文旅融合。"该文件也是对2021年8月中共中央办公厅、国务院印发的《关于进一步加强非物质文化遗产保护工作的意见》的继承与落实,后者要求,在有效保护的前提下,推动非物质文化遗产与旅游融合发展、高质量发展。

表3.5 江苏省推动非遗旅游相关政策(2019—2023年)

时间	文件名称	发布机构	主要内容
2023年9月	关于推进非物质文化遗产与旅游深度融合发展的实施意见	江苏省文旅厅	《意见》包括三大部分,共12条,从培育推荐非遗项目、发挥传统民俗文化特色、搭建表演艺术展示平台等9个方面明确工作内容和方向,并从加强组织领导、健全工作机制、做好总结评估等方面提出了保障措施和监督管理机制,推动各项重点任务落实到位
2022年11月	关于建设非遗工坊助力乡村振兴的实施意见	江苏省文旅厅	《意见》包括3章共10条内容,从广泛吸纳就业、培养优秀人才、提升创新能力、拓宽营销渠道、加强宣传推广等方面对建设非遗工坊提出具体要求,并同步印发了《江苏省级非遗工坊申报设立指南》,明确省级非遗工坊的设立条件、标准、程序等内容
2022年2月	关于进一步加强非物质文化遗产保护工作的实施意见	江苏省文旅厅	《意见》从总体要求、加强非物质文化遗产保护、增强非物质文化遗产传承活力、拓展非物质文化遗产利用路径、加大非物质文化遗产传播普及力度、保障措施六大方面提出意见

(续表)

时间	文件名称	发布机构	主要内容
2020年11月	江苏省非遗旅游体验基地认定与管理办法（试行）	江苏省文旅厅	设立省级非遗旅游体验基地，旨在依托非遗代表性项目，开发设计互动性强、体验感好的旅游体验产品，不断拓展传播渠道，扩大受众范围，增强可持续发展能力，形成一批可复制、可推广的工作经验和模式
2020年6月	江苏省非物质文化遗产代表性传承人认定与管理办法	江苏省文旅厅	省级非遗代表性传承人的认定与管理应当立足于完善非物质文化遗产传承体系、增强非物质文化遗产的存续活力、尊重传承人的主体地位和权利、注重社区和群体的认同感，着力培育新生代传承人，逐步形成年龄层次优化、梯次结构合理、覆盖范围广泛、充满传承活力的保护传承群体，促进非物质文化遗产创性转化、创新性发展
2019年1月	江苏省非物质文化遗产保护条例（2013年修订版）	江苏省人民代表大会常务委员会	《条例》包括八个章节共计59条，旨在加强对非物质文化遗产的保护

其二是2023年9月，江苏省文化和旅游厅出台《关于推进非物质文化遗产与旅游深度融合发展的实施意见》，从培育推荐非遗项目、发挥传统民俗文化特色、搭建表演艺术展示平台等9个方面明确工作内容和方向，推动各项重点任务落实到位。《意见》明确，将加强非遗项目普查、挖掘、梳理，持续开展非遗项目评定。挖掘不同门类非遗蕴藏的价值与内涵，找准非遗与旅游融合发展的契合处、联结点，建立并向社会公布非遗与旅游融合发展推荐目录，推动非遗更好融入当代生活。同时，将传统民俗文化作为非遗的特色挖掘点，推动地方民俗文化与传统节日有机结合。支持各地在景区、景点举办节庆赛事活动，依托民俗类特色非遗项目，让游客体验当地风土人情，提升对中华优秀传统文化的认同感。这一文件正式将非遗旅游深度融合发展作为一个专题政策进行发布，不再作为非遗保护工作中的一个子项目，其重要性得到了更高的体现。该文件也是对同年2月文化和旅游部印发《文化和旅游部关于推动非物

质文化遗产与旅游深度融合发展的通知》的一个具体落实,后者要求在有效保护的前提下,推动非物质文化遗产与旅游在更广范围、更深层次、更高水平上融合。

(二) 非遗基地成为文旅融合的引擎

近年来,江苏省认真贯彻"保护为主、抢救第一、合理利用、传承发展"的工作方针,秉承"见人见物见生活"的理念,推动非遗创造性转化、创新性发展,更好地服务经济社会高质量发展,不断满足人们对高品质生活的期待。特别是围绕弘扬非遗当代价值,让非遗走进现代生活,推动非遗和旅游融合发展。目前,在江苏景区景点,非遗大师工作室、非遗体验工坊进入旅游空间,成为越来越多游客体验的新项目;到曲艺书场看非遗表演,在临水戏台看沉浸式演出,去古镇古街看民俗风情,成为越来越多游客休闲新选择;品非遗美食,购非遗产品,学非遗技艺,成为越来越多游客消费新需求。正是由于非遗和旅游的融合,不仅让非遗得到了有效传播,而且让旅游增添了地域文化底色,成为人们值得回味的难忘之旅。

着眼人民群众旅游需求的新变化,江苏省在全国率先创设非遗创意基地、非遗旅游体验基地。例如,太仓市建立了政府引导、社会各界参与、传承人创办的非物质文化遗产传习所,对非物质文化遗产进行保护并展示,既有效地保护了非物质文化遗产资源,也发挥了非物质文化遗产对青少年和广大社区群众的宣传教育作用。太仓市不断创新非遗的传承模式,有效地扩大了社会影响力,引起了社会各界的关注。再如,位于扬州市古城河边的扬州 486 非遗集聚区以非遗为核心,近 3 000 平方米的非遗文化旅游综合体集中展示了入选联合国教科文组织人类非物质文化遗产代表作名录的古琴艺术(广陵琴派)、扬州玉雕、扬州刺绣等 20 项国家级、省市级非遗项目,每个项目以不小于 100 平方米的工作室形式免费邀请传承人进驻传承展示、交流互动,已经成为扬州的网红新地标。在南京夫子庙景区核心区,南京市文化和旅游部门打造了市非遗文创展示中心,面积 500 余平方米,集中展示南京非遗产品及创意衍生品,促进非遗产品向旅游特色产品转化,推动传统手工艺在当代生活中延续、发展和振兴。

（三）非遗旅游产业链的多样化

近几年，江苏省共推出百余项非遗体验活动，非遗旅游节采用"线上＋线下"相结合的模式，获得了一些成效。2020年，由江苏省文化和旅游厅认定的首批江苏省非遗旅游体验基地公布，包括南京市民俗博物馆、无锡市惠山古镇、张家港市凤凰景区、江苏省杂技团等在内的10家单位正式入选。其中，秦淮灯彩、南京剪纸、绒花、木雕、抖嗡、风筝、布艺等人们所熟知的南京非遗项目，都在南京市民俗博物馆展示。该馆是南京地区唯一一座集研究、展示、保护南京民俗和非遗的专业性"双博馆"。馆内现有2位国家级非遗传承人、8位省级非遗传承人、12位市级非遗传承人。同时，该馆展示了南京地区100多项非遗项目，拥有可容纳500名游客同时体验非遗技艺的多间非遗教室。近年来，江苏省各地文化部门以文艺表演、培训、讲座等形式开展了非物质文化遗产进校园活动，江南丝竹、昆曲、滚灯、龙狮等体现太仓传统文化特色的非遗项目让学生们在寓教于乐间更多地了解和热爱这些民间传统艺术。有些学校已经把非遗项目作为学校的文化特色，如太仓市荣文学校的江南丝竹、新区三小的唐调、双凤小学的龙狮、山歌等，苏州健雄职业技术学院更是专门设立了龙狮专业。另外，文化部门还组织文艺团队到社区开展非物质文化遗产的表演和活动，让更多的群众了解非遗。2020年，江苏省相关政府部门指导全省8所院校开办10个专业门类开展培训21期，共培训学员709人；配合文化部非遗司举办2期《世界非物质文化遗产保护公约》中国师资培训履约班，举办1期全省非遗保护领导干部研修班。传播途径更加广泛，全省建成开放各类非遗展示馆（厅）和民间艺术馆、传习所（传承基地）558个，组织开展"精彩非遗——分享·传承"的网络直播活动。

（四）非遗旅游精品体验形成品牌效应

推出文化遗产旅游精品，开启文化遗产类景区的探索之旅、体验之旅。举办2020年"文化和自然遗产日"主会场"相约山海精彩江苏"展演展示活动，让非遗融入生活。2020年，南京市文化和旅游局推出"跟着非遗游南京"专题线路，把南京的非遗瑰宝串点成线，让游客体验非遗、感受传承；苏州则在"苏州文化遗产保护日"前后推出姑苏区、吴中区、吴江区、常熟市、张家港市等5条非遗线路,文化遗产旅游精品点包括苏州博物馆、拙政园(苏州园林博物馆)、山塘街历史文化街区·虎丘等。遵循路线指引,游客穿行于历史文化街区,徜徉于千年水乡古镇,能够领略世界文化遗产苏州古典园林之美,感受世界非物质文化遗产昆曲、苏绣的艺术之魂。同时,招募市民参与体验,并开展线上直播活动。镇江积极推动非遗与旅游的融合,借助非遗商品的走红,串联起非遗项目、传习所、手工体验馆、博物馆、景区等场所,打造独具特色的镇江非遗主题旅游线路。江苏省文化和旅游厅、江苏省文物局在2022年"文化和自然遗产日"活动上推介了一批江苏文化遗产旅游精品,包含了江苏13个设区市博物馆及代表性文化遗产点,每个市选8处,构成13组文化遗产旅游精品。

(五)数字化与新媒体非遗产品营销

党的二十大报告提出,实施国家文化数字化战略。这不仅为现代文化产业发展提供了方向指引,也为非遗传承提供了行动指南。江苏贯彻落实中央决策部署,推动文化数字化转型和发展,一直走在文化数字化探索的前列,文化建设成效显著,文化遗产保护利用成果凸显。推动文化数字化战略,发展非遗数字化文创,将非遗文化的保护传承发展与现代技术相融合,与时代环境相适应,是推动全省文化产业高质量发展的内在要求,为江苏省建设社会主义文化强国先行区奠定了坚实的基础。为此,需将资源优势转化为发展优势,加速推进文化强省建设。首先,整体布局,做好长远规划。出台《江苏省数字非遗创新发展行动计划(2023—2025)》,列出技术体系、资源配置、载体建设、示范应用等重点任务,明确目标与措施,释放创新创造活力,实现非遗文化开发与服务数字化的整体构建与统筹协调。其次,因地制宜,梳理优势资源。江苏是非遗大省,文创发展经验丰富。从2000年南京博物院研制出我国第一件数字文物——铜牛灯,到2022年3个项目入围文化和旅游部数字化创新实践案例,再到大运河国家文化公园数字云平台上线,充分展现了江苏省文创发展的奋进姿态。再次,分类施策,提供解决方案。非遗数字化文创具有文化、科技双重属性,需分层支撑、统筹推进。在内容层上,利用江苏地域文明探源、文脉整理研究与传播等系列工程,丰富数据要素供给,汇集数字资源;在技术层上,把 5G、AI、区块链等数字技术广泛地应用于非遗数字化文创中,融合物联网、3D 建模、云计算、虚拟仿真等技术创新用户体验;在展现层上,不断地创新打造南京沉浸式文博体验、苏州江南文化 IP、徐州楚韵汉风等更多辨识度高、引导性强、影响力大的文创品牌。

  2020 年,江苏省举办首届"非遗购物街",据当时省文旅局发布的信息可知,江苏省内已经有 400 多个非遗项目企业申报入驻电商平台,包括非遗传承人、项目保护单位、非遗中华老字号和从事非遗产品销售的企业或单位。江苏省还推出了"非遗购物节"等互联网非遗产品展销活动,遴选近 40 家非遗企业参加电商平台线上销售。部分电商平台为江苏的非遗项目开辟专场,展示项目制作过程,销售相关产品①。除了线上,江苏省文化和旅游厅在宿迁举行以"非遗传承 健康生活"为主题的线下活动,集中展示并销售传统手工艺商品、美食类非遗商品及地方文创产品,如洋河酒酿造技艺、三园甜油制作技艺、山楂糕(霸王糕)制作技艺等 12 个非遗项目,并分别在各大电商平台建立了独立的商铺。这种线下线上同步推广非遗商品销售的方式,打通了非遗商品从生产到销售的"最后一公里",为非遗企业搭建了一个更广阔的平台。镇江醋文化博物馆和淘宝举办了"云春游"直播活动,吸引了超过 60 万名的观众观看,恒顺醋的品牌价值有了进一步的提高。可见,线上直播等新媒体营销的带货能力不可忽视,主播在介绍产品时,还会为观众带来产品背后的故事,这也是非遗传播传承的创新方式。非遗商品的销售对于拓宽非遗传播路径、增强非遗生命力具有重要意义,非遗资源也可以在文化、经济双重价值之下得到更好地传承和发展,形成以消费促进非遗传承、以非遗文旅刺激消费的良性循环。

(六) 无限定空间非遗进景区的创新探索

  江苏省在全国首倡的无限定空间非遗进景区,是指在保护传承非遗资源的基础上突破时间、空间、形式的限制,在景区内吃、住、行、游、购、娱各环节植入形式多样的非遗展陈、展示、展演体验活动,让游客在景区内全程感受、全程

---

① 江苏:非遗好物赋能非遗旅游[EB/OL]. 中国江苏网,2020-6-12. https://baijiahao.baidu.com/s?id=1669253772854849836&wfr=spider&for=pc.

共享非遗活态魅力。从 2021 年开始,先后制定了《江苏省无限定空间非遗进景区工作指南》《江苏省无限定空间非遗进景区示范项目评价指标》,推动无限定空间非遗进景区从理念走向行动——用特色场景吸引游客的眼,用新颖体验抓住游客的心,让游客在景区内全程感受、全程共享非遗活态魅力。2021 年,该项目入选文化和旅游领域改革创新优秀案例。

在创新平台载体方面,首批省级无限定空间非遗进景区试点示范项目,既涵盖 5A、4A 级旅游景区,也涵盖省级夜间文化和旅游消费集聚区、省级旅游风情小镇、省级乡村旅游重点村。同时,认定省级非遗创意基地 13 家、非遗旅游体验基地 10 家,成为人们走近非遗、体验非遗、品味非遗的重要场所和旅游目的地。引导各地创新开展无限定空间非遗进景区活动,已认定首批 25 个省级试点项目并进行资金扶持,对遴选认定的 20 个示范项目连续三年予以资金扶持。

在宣传推广方面也是效果显著。在连续四年创新举办的大运河文化旅游博览会中,都把运河非遗主题展作为重要板块,引入无限定空间非遗进景区理念,全面展示非遗与旅游深度融合的成果,让观众以游客的身份穿梭于非遗活态场景。特别是在第四届大运河文化旅游博览会中,打造了"炫非遗"数字体验场景,首次展示了"非遗之家元宇宙体验""数字非遗混合现实体验""运河非遗数字长廊"等,并与省广电总台联合打造融媒体文化旅游栏目《游遍江苏》和电视栏目《传承人》。

通过无限定空间理念的实践和探索,非遗与旅游融合品牌产品不断涌现。各地结合高标准抓好文旅创建,依托优质非遗资源发展品质旅游,戏剧曲艺类非遗项目进入旅游空间,提升了旅游景区的人文韵味。在南京,熙南里"传承有道 乐享非遗"展演活动有声有色;在扬州,非遗元素已有机融入瘦西湖沉浸式夜游项目;在镇江,非遗项目已将西津渡 1 800 米的游览线路完整串联;在苏州,景区线上线下同步共享的"非一般的甄选铺"琳琅满目。

总之,非遗项目作为珍贵的传统文化遗存,对于景区具有天然的吸引力和亲和力。坚持从江苏实际出发,围绕以非遗促景区品质提升、以旅游促进非遗保护传承,加强顶层设计、实践路径的探索研究,推动非遗和旅游真融合、深融合。江苏省关于无限定空间非遗进景区的理念和实践满足了游客求新、求奇、求知、求乐的旅游愿望,吸引更多人到江苏感受美的风光、美的味道、美的人文、美的生活,收获美的发现。

五、江苏省发展非物质文化遗产旅游的主要困境

作为一种具有独特文化价值的旅游形式,非遗旅游在未来的发展中将继续受到广泛关注和重视。通过举办非遗旅游活动项目,可以展示地方的传统文化和风俗,增强居民的文化认同感和自豪感,同时也可以促进地区的旅游业和经济发展,但也存在着发展难题。

(一)传承人"断崖"的连锁效应

非遗旅游的核心载体是非遗本身,因此,非遗本体文化的传承是首要的。尽管非遗已经上升到国家层面并采取了各种保护措施,但继承人的缺乏仍然是一个非常棘手并且短期内难以解决的问题。与有形文化遗产不同,大多数无形文化遗产是通过口头教育传播、维持和发展的。然而,随着工业化趋势的影响,这种口头传承方式面临许多困难。首先是老龄化问题。文化和旅游部已经连续宣布了三批具有代表性的国家非物质文化遗产项目的继承人,但在这些项目中,大多数继承人的年龄都在60岁或70岁以上。根据福建省文化和旅游厅组织的一项从下而上的调查,该省的第一批重点传承人共232位,平均年龄为59岁,其中,61%和47%的人分别是70岁以上和90岁以上。中国民俗文化研究所所长陈静表示:"艺术也将随之消失"。这是中国非遗保护面临的最大问题,而这也将持续地影响非遗旅游项目地开展。

如果没有适当的传承制度,非遗技艺就会面临消失的风险,非遗旅游活动也就失去了其核心竞争力。例如,溱潼会船节是泰州传统的非遗节庆项目,每年在清明节前后举行盛大的会船活动。然而,年轻一代参与的积极性并不高。可以发现,撑篙的大多是老一辈的人,年轻人很少参与其中,试想几十年之后,这一非遗旅游节庆活动的"撑船"者又将是谁呢?随着生活方式的变化和娱乐

方式的多样化,大多数年轻人聚集在市区或城镇,很少有年轻人愿意留下来深入学习、参与传统非遗活动,这也是许多传统民俗节庆传承与发展面临的共同难题。

此外,伴随着新媒体技术的发展,非遗传承人在新媒体营销方面的观念却相对滞后。例如,2020年6月,扬州举办了为期一个月的"非遗食品云展销"活动,通过淘宝平台推出了扬州酱菜、黄钰老鹅、高邮咸鸭蛋等17种非遗商品进行展销。其中,高邮咸鸭蛋单品销量达到1 590箱,销售额达到10万元。虽然线上推广的模式取得了一定成效,但仍有部分年长的非遗传承人因为观念或能力的原因,短时间内无法接受线上渠道,在推广上还存在一定的障碍。缺乏新技术、新思维进行宣传方式的科学选择,将导致非遗文化旅游的宣传效果不佳,难以有效地带动地方经济的快速发展。这些非遗项目就需要不断注入新鲜血液,使非遗的传播方式更加贴近实际。

(二)非遗旅游产品创新力仍显不足

在非物质文化遗产旅游融合发展中存在的另一个问题是融合方式过于单一。通常情况下,非物质文化遗产旅游融合主要采用展示性的方式,即通过文化展览、表演和体验等形式向游客展示非物质文化遗产。这种单一的融合方式呈现出几个问题。

首先,以静态为主的非遗旅游展示模式难以满足不同游客的需求。每个人对非物质文化遗产的理解和兴趣各不相同,单一的展示性方式无法满足多样化的需求。有些游客可能更喜欢参与性质的体验活动,有些游客则更希望深入了解非物质文化遗产的历史和背后的故事。因此,需要多样化的融合方式来满足不同游客的需求。展示性的融合方式可能导致非物质文化遗产的"博物馆化"。过度地注重展示和呈现,可能会使非物质文化遗产变成一种静态的陈列品,失去了其活力和动态性。非物质文化遗产是一种活的文化,应该与人们的生活相结合,而不仅仅是一种观赏或参观的对象。单一的融合方式可能限制了非物质文化遗产的传承和创新。通过展示性的方式,非物质文化遗产被固定在某种形式或表演中,难以发展出多样化的表现形式或与其他文化进行交流和融合。为了保持其活力和创新性,应该鼓励非物质文化遗产与其他领域进行跨界合作,发展出新的表现形式和创意。

单一的产品结构是另一个典型的问题。旅游纪念品是非遗与旅游融合的另一种重要的融合载体,在如今的市场上,非物质文化遗产旅游纪念品整体来说还处于初级发展阶段。以无锡的非物质文化遗产为例,如惠山泥人、锡剧、宜兴紫砂和锡绣等,它们大部分被作为纪念品在旅游景点进行制作与销售。最普遍存在的问题是难以满足消费者需求,即各处旅游地提供的旅游纪念品往往不能符合游客的期望。北京联合大学学者在调研了部分设在景区周边的非遗文创商店销售情况后发现,便携、相对平价、有一定实用性且刚需的产品更受消费者欢迎[1]。尤其是符合赠礼需求,或是方便应用于生活、办公场景中的产品,成为近年来商家开发非遗旅游产品时重点发力的方向。

江苏各类非遗精品展、非遗美食节、非遗研学等活动中,由于各组织单位对非遗 IP 内涵系统性深度挖掘和创新性开发不足,没有形成连续性、主题性与品牌化产品,且与周边景点、社区融合度不高,规划上盲目跟风,缺少地方性特点,大部分文化机构多以非遗展馆内常设展览和活态展演等传统形式对非遗进行完整性保护,给公众与游客带来的仅是较为浅薄的求知体验,仍存在重旅轻文、展示内容单一、游客参与度低、线上线下互动性体验不佳、缺乏创造价值的特色项目等问题,难以满足公众的多元化需求。为了推动非物质文化遗产与旅游的更深层次结合,以提供更多元化的体验和产品选择,需要拓展融合方式,并在培养文创产品的特色和规模化发展、加强品牌意识和质量意识等方面采取一系列措施,不断提升客户服务质量,建立消费者的信任,满足游客的需求和期望。

此外,非遗文创衍生品日渐趋同也是一个不可回避的问题。部分地区在推动非物质文化遗产与旅游业相结合发展的过程中,存在着景点、产品和服务同质化的现象,并没有结合地方特色进行非遗文化旅游特色项目地建立,导致旅游内容的同质化现象比较严重,这种同质化主要表现为多个地区或景点之间呈现出相似的旅游体验和内容,缺乏独特性和差异化。同质化的非遗旅游,

---

[1] 中国文化报.传统美术类非遗与旅游融合发展如何走向深入[EB/OL]. 2023-05-12. https://yangbo.cctv.com/2023/05/12/ARTI4kFVKFHzQxWwgc2x4Yxk230512.shtml.

难以带给游客难忘的差异性体验,影响了非遗文化旅游的进一步发展。非遗旅游应是最具个性化的产业之一,可是在发展的过程中游客会发现本来不应该存在同质化的非遗旅游景区,卖的东西都是一样的。旅游同质化对于旅游产业发展的危害性极大,如果不彻底解决这个问题,将会对旅游产业造成极大的伤害。江苏省各类非遗场馆拥有丰富多样的非遗 IP 资源,可为非遗文创产品设计提供重要的灵感来源。当前,在各机构"非遗+旅游"融合发展的过程中,面对游客与公众多元化的旅游需求,适度合理地研发非遗文创产品是使非遗活态传承与生产性保护的重要途径,也是传播与展示非遗魅力的重要手段。但从已有的文创产品开发品类来看,其研发水平仍处在初级阶段,产品大同小异且价格虚高,存在急功近利、过度开发、有产业没有产业链等问题,破坏了江苏各地非遗的本真性、异质性和神秘性,导致文旅消费场景吸引力下降,使传统文化朝向庸俗化异化。同时,江苏各区域对公共非遗文化机构的财政资金投入存在明显的不均衡,弱化了其自身的行动力,尤其是随着 5G、区块链等信息技术的不断发展,各级各类公共文化机构的数字新基建、文化基础设施等远没有跟上旅游业发展的步伐,严重地影响了区域之间、城乡之间非遗的均衡发展。

(三)"过度"与知识产权保护意识不足

有的地方过分重视经济效益,忽略了文化价值的挖掘。部分地区在进行非遗与旅游产业融合的过程中,过分重视经济效益,而忽视了对非遗的保护,导致非遗旅游产业化发展模式较弱,不利于非遗旅游产业的进一步发展。有的则过于强调数字化,而忽略了原真性。各非遗文化机构需有意识地避免陷入严重的内卷化,即单纯注重高档文化设施建设,片面地把科技手段当作发展方向,攀附跟风引入沉浸式体验项目和 VR/AR 等先进技术,而忽略与其他日常生活息息相关的文化配套设施和对本地特色资源挖掘,导致各机构在文旅融合的过程中看似开展得如火如荼,实则形式华丽、内容空洞,盲目从众且雷同化现象凸显,完全没有达到实质性要求或预期效果,应强化不同文化要素、机构间的协同性、开放性和在地化,只有站在更宏观的视角上不断向外突破、创新和创造,才能最大限度地实现其价值。

不同地区在推进非遗文化与旅游产业融合的过程中,虽然基于非遗保护需求,进行相应的保护管理工作,但是没有健全保护与管理机制,导致非遗与旅游融合的难度增加。调研发现,如紫砂等传统手工艺市场正面临此类问题。消耗的原材料种类繁多,没有统一的标准,大多数产品型号处于同一管理水平,旅游环节中的消费者欺诈等混乱现象十分普遍。因此,要构建更为健康有序的非物质文化遗产保护和利用机制,塑造更为良性的资源和产业的互动关系。再如,绒花制作技艺省级非遗传承人赵树宪发现,在非遗研学市场上一些非正规的教学机构,以普通黄铜丝缠绕化纤以次充好,一般人难以分辨。"我们民俗馆做这类研学课程,一般场地免费,只需缴纳一些材料费。拿绒花制作来说,用的是蚕丝,一个人缴纳 50 元其实是成本费,但有的机构只收 20 元,我们完全没办法以价格竞争。"刘媛之坦言,除了希望群众选择正规课程外,也希望财政尽可能多些贴补,帮助非遗的传承和推广。

第四章

江苏省非遗与旅游融合模式分析

一、非遗与旅游融合模式的类型

随着门票经济向产业经济、景点旅游向全域旅游的转型,各地都进入了新一轮的旅游资源挖掘与整合,以期适应旅游方式的升级和游客需求的迭代。因而,不少旅游目的地都已然发现非遗资源的特有禀赋,从节庆、演艺、娱乐,到餐饮、住宿、购物,都可从当地非遗资源中找到差异化、人本化的解决方案,这也是近年来国内旅行中越来越多地见到非遗的原因。然而,非物质文化遗产具有地域性、独特性、稀缺性等特征,使其制成品具有"该地特有、区别其他"的材质、工艺、外观及文化内涵,例如,特色手工艺品、传统歌舞表演、民俗节庆的内容和形式相差甚远,如何开发好非遗旅游产品,寻找到可持续的、科学的融合发展模式至为关键。首都师范大学资源环境与旅游学院副教授刘爱利指出,在非遗旅游发展过程中首先要理清非遗类别与开发产品及业态的关系。非遗是以非实体形态存在的,因此,其在融入景区开发中的产品和业态形式也有较大差别,口头文学、表演艺术乃至仪式节庆等类别,更适合以旅游演艺、舞台展演、大型节事等方式呈现;传统手工艺等技艺类非遗,则更适合通过文创产品开发、体验作坊等方式呈现。为不同类别的非遗寻找其与景区最恰切的融合方式,是非遗与景区融合发展的关键和基础。

根据非遗的不同类别,江苏省在非物质文化遗产与旅游融合发展的模式上存在不同的侧重点。对那些物质载体的非遗项目,如苏绣(扬州刺绣)、象牙雕刻(常州象牙浅刻)、盆景技艺(如皋盆景)、陶器烧制技艺(宜兴均陶制作技艺)等,主要开发其旅游文创产品,通过设计、营销融入旅游活动中;传统舞蹈、传统音乐、民俗等类型的非遗项目,主要采用主题联动的模式,即旅游发展中按主题深入、联合集中和附着扩展等模式对非物质文化遗产进行开发,如博物馆静态展示、旅游节庆、生态博物馆、演艺展示等非遗旅游融合发展的典型模式。

按照动态、静态的尺度划分,非遗旅游又大致可以分为以非遗展馆为主的展示性、参观性非遗旅游和以节庆活动、演绎为主的互动性、体验性非遗旅游。按照非遗主体的联动性划分,又可以分为单主题、多主题非遗旅游活动,如洪泽湖渔鼓表演活动、晒盐技艺(淮盐制作技艺)研学体验就属于单主题非遗旅游活动,即以一种非遗为主要载体,同时可能有其他旅游休闲活动作为辅助活动。另外一种是像大运河非遗文化博览会、江苏省非遗旅游精品旅游线路则是结合了江苏省多个非遗旅游的项目,其内容涵盖度广、活动丰富、各类非遗项目不分主次,在点线串联的整体非遗旅游活动中各自开展。

结合前人的研究及对江苏省非遗旅游融合的典型案例的资料搜集与调研,本章将从演绎式、生活化、展示化、点线串联融合模式四大类来阐述江苏省非遗旅游的发展模式。

(一)演绎式融合模式

非物质文化遗产演绎式旅游主要是指游客在旅游过程中,通过观赏、参与或亲身体验非物质文化遗产相关的表演、庆典、仪式等文化活动,了解、欣赏和传承这些非物质文化遗产的方式。这种旅游方式将非物质文化遗产融入旅游体验中,使游客有机会参与和亲近当地的传统文化,促进文化的传承和推广。

非物质文化遗产演绎式旅游是提升传统景观类旅游业核心竞争力的有效途径,包括口头传统、民间表演艺术、民俗、民间手工艺和餐饮老字号等非物质文化遗产都可以通过剧本化的设计、舞台式的演绎来推动非遗的保护与旅游开发相结合。例如,各地都有地域代表性的民乐民歌、舞蹈杂技、戏曲曲艺等传统表演艺术,这些大多隶属于非物质文化遗产范畴,是外来者感受风土人情、欣赏多元文化的生动载体,也是旅游演艺及景区景点演出项目的核心内容。如果说传统非遗项目多以展示和产品开发为旅游经济增长点,大大小小的山水实景演出、文旅演艺和歌舞类表演等无疑就是对舞蹈、音乐、服饰、节庆、习俗等非遗的再开发。通过提炼非遗"核心象征"元素,设计大型歌舞、实景表演是非遗旅游演绎式模式的主要体征。例如,围绕口头传统、传统表演艺术、民间传说,开展演绎化的发展,诸如西湖、刘三姐、丽江等"印象"系列实景演出;再如,苏州网师园上演的昆曲《游园惊梦》,将非物质文化遗产昆曲与网师园的山水园林相融合,形成了一种演绎式的文化再现体验。这不仅为昆曲提供了得天独厚的发展空间,也造就了网师园的高人气夜游项目。

  作为一种动态的吸引物,民俗节庆活动也成为非遗旅游演绎模式的重要内容。民俗节庆是中国传统文化的重要组成部分,它不仅有着深厚的历史渊源,也是人们生活中的重要娱乐方式。在我国,与节事相关的民俗类非遗资源非常丰富。据不完全统计,在国家级非物质文化遗产名录项目中,各地传统节日、民族节日、祭典仪式、庙会书会、灯会花会等民俗活动就有197项,而市、县等地方级非遗名录中节日民俗类项目的数量更是庞大。由于内容丰富、形式多样的民俗节庆活动具有典型的参与性、体验性、地方特色性,因此能吸引大量本地居民或者外来旅游者离开惯常居住环境,特意来到民俗节庆旅游节。这是地方民俗文化传播的最佳方式之一,对提升民俗节庆活动所在的本土文化的认同度,提升地区旅游竞争力,将起到积极的推动作用。例如,庙会(苏州轧神仙庙会)、抬阁(芯子、铁枝、飘色)、溱潼会船等,其节庆的表演性在不断增强,吸引着大量的游客。民俗节庆与民俗表演是传统文化的重要组成部分,它不仅是一种文化传承的方式,更是一种文化交流的形式。通过民俗节庆活动和民俗表演,现代人可以更好地了解和感受传统民俗文化的博大精深和丰富多彩。概括而言,以民俗节庆为代表的非遗旅游对非遗的传承发展、地方文化宣传和经济发展都有显著的影响,它能促进当地经济的发展,提高地方居民的收入水平，带动相关产业的发展。此外，民俗节庆活动的举办也可以推动当地文化的传承和发展，增强地方文化的凝聚力和认同感。

当然，民俗节庆非遗与旅游融合发展过程中也面临一些挑战，其一，游客参与行为和体验。非遗旅游的演绎式呈现主要特点之一是游客可以通过观赏演出或表演深入了解当地的文化、风俗和历史，并与当地人民互动交流。因此，游客的参与行为和体验对于民俗节庆类旅游的发展具有重要的影响。研究表明，游客对于民俗节庆活动的参与程度和态度会对节庆活动的成效产生重要影响。此外，游客的文化背景、性别、年龄等因素也会对其参与行为和体验产生影响。其二，民俗节庆活动的传承与创新。传统的民俗节庆活动往往存在一些局限性，需要进行改良和创新。研究者们通过对民俗节庆活动的历史、现状和未来发展进行研究，提出了一系列的传承和创新策略。其中，传承方面主要包括对于传统节庆活动表达形式的创新，以及对于当地文化的传承和推广；创新方面主要包括对于节庆活动形式的创新和设计，以及对于旅游产品的开发和推广。其三，在社会责任与可持续发展方面，民俗节庆旅游作为一种旅游形式，也面临着社会责任和可持续发展的挑战。研究者们通过对民俗节庆旅游的社会和环境影响进行研究，提出了一系列的解决方案，包括加强旅游产品的管理和规划、强化游客的文化素质和环境意识、加强对当地居民的培训和教育等。

一场具有深刻文化底蕴、地域特色的节庆活动是游客对该景区地域最形象、最直观的了解方式与途径之一，也是地方旅游品牌最好的宣传推广方式。传统节庆中的民俗节日饮食、节庆仪式、节庆物品的背后蕴藏着深厚的历史文化，如何将节庆文化融入人们的现代生活，需要创新性发展传统节日文化的内涵，设计符合现代审美需求的文创产品，通过灵活新颖的表现形式，或结合数字经济和内容经济等创新模式，打造民俗节庆活动的品牌。同时，推出多样化和个性化的旅游产品，以满足不同游客的需求。此外，还需更加注重对于当地文化的挖掘和传承，让游客更好地了解和体验当地的民俗文化。

（二）生活化融合模式

随着人们生活水平的提高，居民的旅游理念也日益成熟，已经不再满足于传统的观光式旅游，而更多地希望加入到参与性和亲历性的活动中，从而获得感官上的体验。文化遗产连接着人与自然、社会，连接着过去、现在、未来，也连接着美好生活。非物质文化遗产旅游为游客提供独特的生活和文化体验，如文化节事活动、主题文化周、非遗进学校教育等。无锡推出的相约东林书院赏实景非遗展演，品江南早茶，体验一番传统书院生活；无锡西漳蚕种场化身"江南蚕桑博物馆"，建成一处吴地蚕桑文化特色的主题休闲市民公园，将非遗彻底地融入生活，成为人们生活中的一个常在场景。这种将非遗融入生活场景之中所构建的非遗文化与市民生活、社区交往的休闲空间，必然与当地生活空间以及特定的物质承载地域水乳交融，形成一种实实在在的非遗休闲空间。南京的秦淮灯会虽然也是民俗非遗，但是其与旅游融合的发展定位更偏向于聚合人气、促进交流的群众性文化活动，适于扩展参与范围、全民共欢共度，推广这些节日也可促进该项节事及相关文化事项在当代的活态传承，符合非遗保护的初衷。秦淮灯会正是将本乡本土世代相沿的节日民俗充分挖掘、有序传承、合理拓展，营造浓厚的节庆氛围和本地认同，成为外来者共享的节日文化。

　　非物质文化遗产要保存风貌与传统，更要延续文脉与生机。如果能巧妙地利用旅游人气维系当地非遗资源的存续，促进地方乡土文化的流传，就能使非遗所在的传统聚落活起来，继续具备承载活态非遗的能力。镇江西津渡民俗文化周，就是通过文化节庆活动将传统聚落活起来。学者认为，传统聚落是社会人群聚居、生息、生产活动的载体。保护这些传统聚落，就是保护人类居住地及文化传统的多样性，而这些承载文明记忆与人类智慧、极富地方特色和生活气息的区域，又是文化深度游的最佳目的地。西津渡作为典型的本土化特色鲜明的人居建筑遗产，是仍旧保留有人群居住和活动的传统聚落，又是民间艺术、传统风俗等非物质文化遗产密集的地区，承载鲜活生产生活实践的古村镇，结合非遗活动而构建的文化氛围和体验空间，能让游客完全沉浸于当地特有的文化之中。

（三）展示化融合模式

　　非物质文化遗产保护与传承最传统的形式是展示化传播，例如，各地建成了不少非遗主题展示场馆、文化馆、展示馆等，有的以当地代表性的非遗项目、门类为主题；有的则以特定民族、文化圈等为主题，对地区主要非遗资源予以汇聚。这些非遗主题场馆的开发模式主要有三种：一是政府或其他民间组织等投资兴建的专题性非遗展览场所；二是各地为发展旅游经济兴建的非遗类展示、销售场所；三是由政府主导的各类文化周（日）等临时性非遗展览。另外，从内容设计上看，展示化融合模式又可以分为单一主题和综合主题非遗展馆。

近些年来，人们对于精神层面的追求越来越高，越来越多的人喜欢通过参观展馆来满足自身对艺术文化、历史知识等方面的需求。因此，展馆存在的意义重大，其主要功能有二：一是非遗的留存与呈现，这是非物质文化遗产静态呈现的主要形式。例如苏州丝绸博物馆、苏州御窑金砖博物馆、戏曲博物馆、苏州碑刻博物馆、昆曲博物馆、评弹博物馆、中国苏绣艺术博物馆等9个单一非遗主题馆，它们大都通过现代化的展陈手段，活态地展示苏州某一主题丰厚的非遗资源，成为非遗保护、传播、交流工作的一个重要平台和基地。二是传习。具有原生态艺术独特魅力的非物质文化遗产，只有不断地被赋予新的功能、内涵和表现形式，更贴近当下民众的生活，才能不断地焕发新活力。传习则是对非遗展示的传承，将非遗与传习体验结合起来，不仅是一次亲身感知非遗的过程，是一段更为刻骨铭心的旅行体验。如苏州丝绸博物馆，一方面，为非遗传承人建立工作室、传习所，为非遗项目积累更为广泛的兴趣人群；另一方面，为本地及外来消费者提供非遗相关的制成品、文创衍生品及手工体验类、研学服务类文化产品，已然形成了非遗体验经济带动城市周边文旅及相关产业增长的正效应。这些非遗展馆将非遗项目或其场所、要素等转化为旅游产业、文化产业资源予以聚合、包装和运营。2021年，为了适应文旅融合的发展趋势，江苏省文化和旅游厅公布首批江苏省非遗旅游体验基地，包括南京市民俗博物馆、无锡市惠山古镇、苏州太湖园博园、张家港市凤凰景区、唐闸古镇汤家巷历史文化街区、江苏省杂技团、扬州486非物质文化遗产集聚区、中国醋文化博物馆、洋河酒厂文化旅游区、南京博物院非物质文化遗产馆10家展馆入选，这些场馆都有省级以上（含省级）非遗代表性项目和代表性传承人入驻，能够集中开展非遗展览、展示、体验活动。

（四）点线串联融合模式

随着门票经济向产业经济、景点旅游向全域旅游的转型，各地都进入了新一轮的旅游资源挖掘与整合，以期适应旅游方式的升级和游客需求的迭代。因而，不少旅游目的地都积极地将目光投向了非遗资源，从节庆、演艺、娱乐，到餐饮、住宿、购物，都可从当地的非遗资源中找到差异化、人本化的解决方案，用旅游的吃、住、行、游、购、娱将散落在各点、各类主题的非遗进行串联，形成一个非遗旅游精品线路或者非遗旅游现代节庆活动。尤其是随着面向游客开放的非遗主题景区景点、展示场馆、体验场所的增加，旅行社、旅游网站等专业服务平台在热门旅游目的地线路规划中增设了不少非遗景点观览、演出观看、手工体验项目，并作为行程亮点予以强调；在非遗资源密集且特色明显、交通区位优势兼备的地区，非遗保护部门还与这些旅游服务平台开展合作，探索推出了系列非遗主题旅游线路。例如，2023年江苏省文化和旅游厅公布了20条"水韵江苏"非遗主题精品旅游线路，其中，宿迁推荐申报的"水韵江苏·魅力西楚"非遗三日游线路以项王故里景区为轴线，串联龙王庙行宫、皂河龙运城、新盛街文化街区、洋河酒厂文化旅游区等多个景区景点，通过走进非遗展馆、小剧场、传习所、非遗研学课堂等场所，让游客沉浸式地体验苏北大鼓、苏北琴书、柳琴戏、剪纸、糖画、烙画、乾隆贡酥制作技艺等众多非遗代表性项目，充分感受了运河文化的历史积淀，尽情地领略楚风楚韵的别样风情。

另外一种是像大运河非遗博览会、江苏省非遗旅游精品旅游线路则是结合了江苏省多个非遗旅游的项目，其内容涵盖度广，活动丰富，各类非遗项目不分主次，在点线串联的整体非遗旅游活动中各自开展。在非遗文化与旅游业结合的情况下，通过现代主题休闲活动的创新融合，将非遗美食、展览、文创、民俗、研学等融合进非遗旅游中，形成新的发展模式；运用新的视角，展示不同的体验方式，使更多人了解和认识非遗，从而实现"1+1>2"的效果。如2022年"文化和自然遗产日"江苏省系列活动暨"水韵江苏·非遗购物节"、中国大运河城市非遗展等非遗休闲旅游活动等。

同时，伴随着全域旅游、乡村旅游、无限定空间非遗进景区的铺开，文化深度游、乡村体验游、手工艺体验游等的消费群体不断扩大。非遗主题旅游线路提供的本土化、个性化、多元化的特色线路可引导游客探索独特而鲜活的旅游目的地文化,体验地道而有趣的原住民社区生活,或将成为当代旅游人群的新潮流。在这一趋势的带动下,近年来,从事乡村旅游服务的民俗户、农家乐、乡村民宿、度假村等也主动加入非遗体验点的行列,升级休闲娱乐服务项目,为游客提供节气农事体验、传统饮食制作体验、传统手工艺制作体验等具有本土文化特色的服务类产品。在这一行业发展背景下,越来越多的非物质文化遗产被列入旅游行程的特色资源目录、纳入主干景点线路,并将其作为增添感官享受、提升互动乐趣、加深文化体验、扩展求知收获的主要举措。例如,无锡在惠山古镇、拈花湾、清明桥历史街区等多个热门景区融入惠山泥人、宜兴紫砂壶、留青竹刻、无锡精微绣等国家级非遗项目体验点。这些非遗展示体验项目的入驻,实现了人文资源与无形服务的同步提升,使得游客从单纯性的观光游行为升级为多元化的休闲体验游。全域性推进非遗资源与景区景点的有机结合,以期达成非遗保护与旅游开发、社会效益与经济效益的双赢局面。

二、民俗演绎:溱潼会船节

(一)溱潼会船节的发展历史

泰州市位于江苏省的中北部,地处长江三角洲地区,是一个古老的历史文化名城,具有2 200多年的历史。泰州以其丰富的水资源和农田而闻名。泰州地区的农村社区以水稻种植和水产养殖为主要生计,丰收的季节一直以来都是农民们最为期盼的时刻。因此,泰州溱潼会船节的起源与丰收庆典有着密切的联系。溱潼会船节原名清明会、清明盛会,是一种古老的传统民俗活动,其历史起源目前有三种说法,分别是岳飞率领岳家军抗击金兵、明太祖朱元璋探寻双亲之坟、神童与倭寇斗智斗勇的故事,其中较为普遍的说法是第一种。

相传南宋时期,岳飞指挥岳家军在姜堰溱湖一带与金兵鏖战,岳家兵最后胜利了,但伤亡惨重,溱湖周边的百姓为了表达感激之情,自发地到溱湖将没有名字的尸体安葬在旁边,之后并约定清明节这天撑船到这边扫墓、烧纸、摆祭品等,以纪念那些战死的士兵,其中有些贡船中还摆放着张荣、贾虎的画像,后来发展成为一年一度的水乡赛船盛会。第二种说法是明代开国皇帝朱元璋登基后想找祖坟,于是,朱元璋打扮成平民模样亲自撑篙在周边寻找父母的坟,这事传入民间后,江淮人民被朱元璋的精神打动,纷纷加入了寻亲队伍,后来发展成为每年清明节次日溱潼地区的人民不管身处何地,都会回乡来撑篙寻亲、祭祖烧纸的一种习俗。第三种说法是明嘉靖年间倭寇入侵神潼关,当地青壮年自发组织抗击倭寇,每十人一船,撑船下到河里,用篙击打倭寇,并用快船相互通知最新情况,以便布置战场、准备作战。之后倭寇被击退,抗击倭寇的青壮年团体也因为在抗击倭寇时培养了深厚的情感而没有解散,后来发展成为东岳会戏,也就是现在的撑船篙活动。

这些历史丰富的传说久而久之,在当地便形成了一种水乡风俗,即在清明节之际,乡亲们会准备几艘大船,每只船上会有几十个人站在船边,撑篙在河道上赛船,称为撑会船。会船寄寓了民众的美好愿望和祈盼国泰民安、生活富裕、人世昌隆。1978年,为带动当地居民共同富裕、增加当地人民的就业机会、提高人民的幸福感,地方政府顺应时代发展潮流,将溱潼会船节由民间自发组织的一种自娱自乐、民间习俗活动,变为由政府举办的有组织的一种大型的水上会船活动。同时,利用这种大型活动为当地乡民招商引资,这便逐渐形成一种集民俗、文化、经济、旅游等多种内涵的节庆活动。

如今,溱潼会船节已先后荣获中国十大传统民俗风情旅游节、国家级非物质文化遗产、国家重点旅游项目、"大世界吉尼斯之最——规模最大的船会活动"、2020年文化和旅游部的非遗与旅游融合发展优秀案例等诸多称号,可谓"天下会船数溱潼,溱潼会船甲天下"。作为我国十大民俗节庆活动之一,溱潼会船节已经成为泰州市的一张旅游名片,该节庆每年都吸引着数以万计的游客前来参观,体验丰收和传统农耕文化,这对提高泰州城市的知名度、拉动地方经济、传播民俗文化等都产生了积极作用。

(二)溱潼会船节的"变"

1. 还节于民,还俗于民

在较早的时候,溱潼会船节是一项传统的乡村庆典。当地村民和农民会聚集在江河之畔,装饰精美的船只将农产品、土特产和手工艺品展示给游客,同时进行传统戏曲、舞蹈和音乐表演。这一传统庆典强调了水文化和丰收,成为当地文化的一部分。随着时间的推移,溱潼会船节逐渐得到政府的支持和重视。政府为了保护和传承这一传统文化,开始加大对溱潼会船节的支持和保护力度,加大对活动资金的投入,并且不断地推出新的活动和项目,以满足不同人群的需求,提高了非遗节庆的规格和影响力。人们对民俗节日的参与和诠释也倾注了个人经历、记忆与情感,只有发动群众的广泛参与,才能让群众真正成为其文化演进中的展演者与创造者。溱潼会船节在近几年的活动设置中,十分注重"还民俗于民"的理念。例如,在节庆活动开幕式的设置方面,精简领导致辞环节,开幕仪式发言不到 10 分钟时间,并且根据群众的反馈延长一个月的活动时间、丰富活动内容,这些安排让溱潼会船节的活动内容耳目一新,突出了还节于民的主旨,进一步增强了民俗节庆节日的参与性和融合性,强化了地方群众和参与游客的民俗记忆,共同构成了溱潼会船节最为重要的文化形态。

2. 传承与创新的活动设计

当前,在全球化的文化流动与变迁的背景下,非遗通过传递支撑身份认同的永恒价值观及完整血脉而为人类提供存在意义,溱潼会船节是文化遗产在现实生活中的"活化石",在组织、策划与设计中十分注重游客的主体感受,重点突出回归本源、旅游体验的特点。对溱潼会船节近 7 届的活动内容模块进行整理发现(见表 4.1),从 2015—2023 年,一些经典的受欢迎的或有地方特色的项目始终保持,如中国泰州水城水乡国际旅游节;另一些参与性、体验性强的项目在逐渐增加或更替中,例如,2015 年新增"万朵古山茶观赏节""乡村旅游节"后,发现其对游客的吸引力较大,因此,在此后的 7 届中都持续保持。2015 年的泰州华侨城首届创意风筝节、2016 年的中国古镇——溱潼邮票首发式、2017 年的华侨城踏青狂欢美食季、2018 年泰州华侨城"抖抖更开心"春赏

表 4.1 2015—2023 年溱潼会船节休闲活动主题与内容设计

届数	第十届	第十一届	第十二届	第十三届	第十四届	第十五届	第十六届
时间	2015 年	2016 年	2017 年	2018 年	2019 年	2021 年	2023 年
主题	泰州大美,溱湖"篙"歌	为溱湖"篙"歌千舟"溱"庆	泰州大美,溱湖"篙"歌	溱湖"船"策奇康养福地	水城水乡,乐游泰州	天下会船数溱潼	天下会船数溱潼
活动内容	①新闻发布会及开幕式;②水上会船表演;③万朵古山茶观赏节;④河横油菜花节;⑤世界女子围棋擂台赛;⑥"溱潼之恋"微电影首映式;⑦泰州华侨城创意风筝节;⑧"拍客"采风活动;⑨招商引资项目签约仪式;⑩闭幕式	①新闻发布会及开幕式;②万朵古山茶观赏节;③乡村旅游节;④群众文化艺术节;⑤泰州华侨城篝火音乐节;⑥旅游星级餐饮特色菜品系列评选;⑦健康产业发展研讨会;⑧中国古镇—溱潼邮票首发式;⑨招商引资项目签约仪式;⑩闭幕式	①新闻发布会及开幕式;②中国泰州水城水乡国际旅游节;③万朵古山茶观赏节;④乡村旅游节;⑤世界女子围棋擂台赛;⑥群众文化艺术节;⑦华侨城狂欢美食节;⑧招商引资项目签约仪式;⑨闭幕式	①新闻发布会;②开幕式;③会船表演;④姜堰会船节经贸洽谈会;⑤特色田园乡村政策发布会暨招商推介会;⑥万朵古山茶观赏节;⑦河横乡村旅游节;⑧黄龙土世界女子围棋擂台赛;⑨春赏抖音大赛;⑩闭幕式	①旅游推介会;②开幕式;③会船表演;④姜堰会船节经贸洽谈会;⑤万朵古山茶观赏节;⑥"堰上花开,乐活田园"乡村旅游节;⑦"百村优品"水上集市;⑧闭幕式	①新闻发布会及开幕式;②会船表演;③会船经贸洽谈会;④溱潼万朵古山茶观赏节暨溱湖旅游文创产品发布会;⑤"堰上春来"全域旅游系列活动;⑥万朵古山茶观赏节;⑦黄龙土世界女子围棋擂台赛;⑧群众文化艺术节;⑨闭幕式	①开幕式;②会船表演;③万朵古山茶观赏节;④"双河"水上观光游览启动仪式;⑤"中国姜堰黄龙土亚洲杯"女子围棋赛;⑥"堰上花开"乡村游节;⑦溱湖湿地音乐节;⑧黄龙土世界女子围棋擂台赛;⑨闭幕式

备注:2020 年、2022 年溱潼会船节因疫情暂停举办。

抖音大赛以及2019年的"百村优品"水上集市,都是迎合了当年新潮、流行活动体验方式,作为全新的休闲活动主题作出了新的尝试,包括艺术展、风筝节、邮票发布式、美食节、抖音视频大赛、水上集市等民众喜闻乐见的休闲娱乐方式。2021年新增了"堰上春来"全域旅游系列活动,将全域旅游与非遗进行了融合。2023年第十六届溱潼会船节增加了溱湖湿地音乐节,吸引了全国各地的2万多乐迷打卡溱湖,听音乐、品美食、逛湿地,体验"跟着音乐去旅行"的独特魅力,将非遗旅游节庆的影响力和持续性又提升到一个新的台阶。

尽管现在溱潼会船节有了商业化的趋势,但它仍然保持了传统文化的核心价值。传统的船只装饰、民俗表演、传统戏曲和音乐仍然是节庆的亮点。与此同时,一些现代元素也被引入,如灯光秀、烟花表演和音乐会,以吸引更广泛的受众。溱潼会船节的形式与时俱进,采用线上、线下消费场景、直播等方式,放大这些经过选择的休闲活动因素,会发现这正是溱潼会船节在面对传统文化与流行文化碰撞中的一种努力,不断变化与创新的休闲文化实践,最终将发展成为溱潼会船节参与群体共享的文化记忆。

3. 从政府到市场的转变

不断拓宽和探索"政府牵头、社会参与、市场运作"的投入机制,向政府与民间力量相结合的方向发展。政府、民俗精英、公众和游客共同构建了地方民间叙事和文化想象,这是第一个结合。从旅游推介会到开幕仪式,到贡船设计制作,再到闭幕式文艺演出活动,都充分采用市场化方式运作,有效地增强了社会凝聚力,这对共同文化的认同和缔造都至关重要。第二个结合是会船搭台与经贸唱戏有机结合。随着节庆旅游的发展,以及游客对本土民俗、"地道年味"等的追寻,乡村旅游的舞台上又再次热闹了起来,成为乡村节庆旅游中极具吸引力的产品。通过举办拥有地方特色和本地人民喜闻乐见的一些民俗节庆活动,营造一种热烈欢快的气氛,可以吸引大量游客,有效地解决乡村旅游市场需求不足的问题。在市场化的转变过程中,商业活动也逐渐涌入,带来了更多的商机。各种文旅企业和娱乐策划公司开始在会船节期间亮相,通过精心的活动设计和组织吸引更多的游客和商家。溱潼会船节民俗节庆活动的举办,可以迅速聚拢人气,通过各种包装来带动游客的好奇心,增加自身吸引力,提升品牌与知名度,增加收入与效益。

（三）溱潼会船节的"新"

1. 个性化与多样化

创新宣传方式，提升文化吸引力，推广沉浸式民俗体验的品牌知名度。首先要立足于成为全国知名节庆旅游宣传品牌，研究会船节投入产出和效益来适应市场经济发展的需要，逐步走向科学化管理，使其得到健康发展。其次，考虑品牌消费心理，培养群众对溱潼会船节品牌的信任与崇拜心理，让游客能够主动去体验一年一度的节庆活动，力争把节庆活动打造成为当地甚至全国性、国际性盛事。同时，创新活动主题策划，深挖非遗主题文化，促进溱潼会船节品牌的建立。扩大宣传接触面，通过国内外新闻媒体和企业做大、做强会船节的广告，将游客的眼球锁定在每年的会船节。在宣传过程中，要注重凸显地域特色文化，较为鲜明的主题和差异的文化可以直接成为具有吸引力的资源，只有具备鲜明地方性特征的主题，才能更好地吸引游客关注并留下清晰的印象，才能使当地节庆具备较强的竞争力。更加注重文化交流和合作，旅游企业更加积极地开展国际文化交流，促进不同国家和地区之间的文化交流与合作，推动地方民俗文化的传播和发展。溱潼会船节不仅在国内广受欢迎，还开始吸引国际游客的目光。随着全球化的发展，泰州市政府积极推广这一节庆活动，吸引了来自世界各地的游客。这也促使节庆更加多元化，兼容并蓄国际元素，为游客提供独特的体验。

2. 原真性与参与性

原真性的本土文化和民俗节庆是地方旅游的内在动力，也是吸引游客的重要因素，当地民俗文化越有原真性，其差异性就越大，越有吸引力。只有本土居民积极参与其中，才能促进和保证本土文化和民俗文化的真实性和本土性。船只游行是溱潼会船节的核心活动。数以百计的精美装饰船只汇聚江河，充分展示当地文化和传统工艺。这些船只经过精心设计和装饰，反映了泰州地区的农耕生活、传统艺术和历史故事。游客可以在岸边欣赏这一壮观的景象，还可以参与船上的各种互动和表演。作为一种传承文化的民俗，对于本土民众来说，通过其代代相传并与时俱进，维护着社会文化的稳定与传承，维系着这片土地上的民族情感。对游客而言，通过参与和体验特色各异的民俗旅游活动,不仅可以深入了解生动具体的风土人情、特色各异的民俗习惯,还能了解在这经历了5 000多年历史的中华土地上产生的各色各样的文化,去感受源远流长的中华文化风采。

提升青年一代的参与性是重点。会船节有助于传承和保护泰州地区的文化遗产。通过船只游行、传统戏曲表演和音乐演出,年轻一代有机会了解和欣赏传统文化的魅力,保持对历史和传统价值的尊重。在溱潼会船节的会船表演、水上表演等核心项目中,中老年一辈是核心主力,他们齐声呐喊、撑船前行,青少年一代应是最欢悦的观赏者,以休闲节日的形式确定和保留下来相关的经历和记忆,是将遗产文化铭刻在他们心中的最佳方式,这有利于青年一辈未来更好地参与、支持或承担溱潼会船文化,激活地方非遗节庆文化,构建地方共同文化的核心。此外,未来的民俗节庆旅游将更加注重科技与文化的融合。通过先进的技术手段,如虚拟现实、增强现实等,让游客更好地了解和体验当地的文化和民俗活动,同时也能够提升游客的参与和互动性。

3. 本地特色与创新融合

非遗旅游活动要通过体现地域特色文化,强化地方特色和主题特点,优化民俗文化的体验形式,将传统文化与新时代创新融合,强化民俗节庆的传承与保护,开发创新特色的旅游节庆产品,从而带动民俗旅游产业发展,增加地方收入,助推地方旅游的可持续发展。溱潼会船节的许多活动和项目都充分展现了本地特色,如传统手工艺制作、民间技艺表演、特色美食品尝等。这些活动不仅可以让游客们深入了解泰州地区的文化和风俗,还可以让居民们通过传承和发扬民间传统文化,增强文化自信心,推动文化繁荣发展。

总之,非遗旅游的演绎式表达是一种充满活力和发展潜力的旅游形式,对于地方经济和社会文化的发展具有重要的促进作用。泰州溱潼会船节作为一项典型的演绎式旅游活动,具有丰富的历史和文化内涵。经过漫长的发展,它已经成为一项具有重要影响力和意义的庆典活动,有助于传承文化、促进旅游业、推动国际文化交流、弘扬环保理念和增强社区凝聚力。目前,研究者们已经对于非遗旅游表演类、演出类模式的各个方面进行了深入研究,提出了许多有益的建议和策略,但同时也存在着一些问题和挑战,需要更加深入地研究和探讨。因此,未来的研究需要加强对于非遗旅游演绎式的可持续发展和社会责任问题的探讨,加强对于游客参与和体验的深入研究,同时也需要探索更加有效的研究方法和技术。

三、休闲生活空间:秦淮灯会

秦淮灯会是首批国家级非物质文化遗产名录项目,自1986年秦淮灯会恢复以来,已连续举办33届,享有"秦淮灯火(彩)甲天下"的美誉。它是中国唯一一个集灯展、灯会和灯市为一体的大型综合型灯会,也是中国持续时间最长、参与人数最多、规模最大的民俗灯会。2019年,南京秦淮灯会入选文化和旅游部非遗与旅游融合10大优秀案例。

(一) 秦淮灯会的发展历史

秦淮灯会是流传于南京地区的民俗文化活动,又称金陵灯会、夫子庙灯会,其发展历史可追溯到六朝初期。元宵夜游观灯的风俗延绵千年,花灯似海、人涌如潮,记述灯会繁盛场景的历代诗词、民间故事比比皆是。据传早在三国时期,吴国首都建业(今南京)就开始在节日、战士出征、战争大捷等关键时刻庆贺,大多发生在首都城市,上香、打灯笼、点蜡烛。据相关文献记述,南朝的首都建康(今南京)开始庆祝元宵佳节。为了更好地祈祷来年平平安安,顺顺当当,每家每户锣鼓喧天,整个都城灯火辉煌。隋唐时期,庆贺元宵节的习俗正式形成。正月十五的宵禁消除,元宵佳节庆贺主题活动和赏花灯主题活动开始大规模快速扩张。这一时期,南京秦淮河沿岸地区逐渐发生以扎灯笼谋生的民间手工艺。南京为庆祝元宵节制作灯笼的风俗习惯记述于唐朝魏微的《隋书》。1034年,南京将夫子庙的前身建为圣文宣王庙,用以祭拜孔圣人。

明代初期,明太祖朱元璋在南京迁都。为了更好地吸引全国各地富豪迁家,他开始注重营造氛围,尤其认为举行灯会可以吸引富绅,所以在这段时间秦淮灯会的举办处在巅峰时期。朱元璋每年都需要花费很多钱财和精力制作很多灯笼,命人们在秦淮河上烧开水灯、点灯船,每年元宵佳节的上灯时间增加到十夜,呈现了"万盏花灯映秦淮,火树银花不夜天"的场景。他本人也热衷于猜灯谜,这也带动了大家参与盛大灯会的热情,推动了灯会的多样化发展趋势。明朝永乐年间,明成祖朱棣每年都集聚工匠开展灯会,制作"万万"元宵彩灯,与群众共乐。明代中期,南京的盛况在全世界首屈一指。国画大师仇英在他的《范慧南国风光图画书》中展现了鳌山的大好景色和大家观看灯会表演的繁华场景。明朝末年的《正德江宁县志》也刻画上了那时候五彩缤纷的元宵佳节景色。到了清朝,举办秦淮灯会的风俗习惯基本上得到了持续和发展。《红楼梦》中多次描绘元宵佳节的隆重景象。每年元宵佳节,夫子庙一带人潮人海,热热闹闹。秦淮河灯火辉煌,秦淮河里有两三百种灯笼,元宵佳节和明代时一样兴盛。

20世纪以后,秦淮灯会主要集中在夫子庙地区,目前已经扩展到"十里秦淮"东侧五里地段,核心区域包括夫子庙、瞻园、白鹭洲公园、吴敬梓故居陈列馆、江南贡院陈列馆、中华门瓮城展览馆及中华路、平江府路、瞻园路、琵琶路一带。南京地区广大民众为了祈求风调雨顺、家庭美满和天下太平,在秦淮灯会时通过扎灯、张灯、赏灯、玩灯、闹灯等诸种形式不断地营造出"万星烂天衢,广庭翻人潮"的美好意境,寄托自己的良好愿望与生活追求。

改革开放以来,秦淮灯会在1989年被评为"新南京金陵40景"之一,1991年被评为"中国旅游圣地"之一,1995年被授予"全国各地榜样区"头衔,2000年又被授予"灯彩之乡"的盛名,代表作《金鸡吉祥》被评为2000年民间文化奖,2006年被纳入中国第一批非物质文化遗产名单。现如今,秦淮灯会上的彩灯种类上得到进一步发展,彩灯取中国传统纸扎、绘画、书法、剪纸、皮影、刺绣、雕塑等艺术之长,在制作中综合木工、漆工、彩绘、雕饰、泥塑、编结等诸多工艺手段,形成自己的技艺特色。除荷花灯、狮子灯等传统灯彩以外,又推出了一系列与时代关系密切的花灯作品,如远洋轮船、运载火箭、城市建设、山林景观等。作为我国传统灯彩艺术的重要流派之一,秦淮灯彩客观地反映了民间灯彩由自然之火、生活之火、祭典之火到艺术之火的历史演变进程。它将地方传统民俗加以融汇,从古韵悠远的秦淮民间工艺中开发出富于吸引力、感染力和商业价值的新型文化产品,为传统文化的现代转型做了很好的示范。

秦淮灯会作为一项重要的民俗文化活动,已经成为历代南京民众延续和传承民俗文化的重要空间,长久以来,它已成为秦淮文化的重要组成部分。南京本土和外来的文化艺术贯穿于灯会中,构成其艺术内涵。每年的秦淮灯会吸引了众多海内外游人,他们在领略秦淮灯会、感受金陵民间文化的同时,也促进了该地区经济的发展。无论从历史意义、人文价值、经济价值还是社会影响力上看,秦淮灯会作为南京地区的特色文化空间都有非常巨大的价值,将持续开拓创新。

(二)生活场景与传统文化的融合

秦淮灯会举办的时间是元宵节期间,这一传统活动已经成为南京市民传统新年生活中的一部分,是一次共同的文化体验。作为南京市春节期间最重要的文化旅游民俗活动,也是最有南京味道的"我们的节日",秦淮灯会不仅展现了南京独特的历史文化魅力、传承着中华优秀传统文化,更是南京对外交流的城市文化名片和民俗文化品牌。秦淮灯会从产生之初,主要考虑的是服务本地居民,同时吸引国内外的家庭游客、文化爱好者、青年群体等。为了满足不同类型游客的需求,秦淮灯会节庆期间提供了多样化的旅游体验,包括观赏灯会、参观传统工艺品市场、体验美食节、音乐会和其他活动。从更深层次来说,秦淮灯会不仅是为了庆祝元宵节,还是为了传承和弘扬中国传统文化,尤其是青年一代有机会在灯会中了解各种传统文化元素,欣赏和学习传统戏曲、音乐演出、舞蹈表演和民间艺术等。

在南京秦淮灯会的发展过程中,主办方已充分意识到,生活化场景的设计能进一步提高游客的归属感和荣辱感。因此,秦淮灯会休闲旅游的主题始终围绕中国优秀传统文化,并紧密结合当下的社会核心价值观或重要社会生活事件进行定位(见表 4.2),充分体现了文化与生活的融合。

表 4.2 2013—2023 年南京秦淮灯会举办时间与主题

届数	举办时间	主题
27	2013 年 2 月 6 日—2 月 27 日	秦淮灯彩甲天下,百姓欢腾迎新春
28	2014 年 1 月 26 日—2 月 17 日	青春激荡,百姓欢乐

(续表)

届数	举办时间	主题
29	2015年2月11日—3月8日	秦淮灯,两岸情
30	2016年2月4日—2月25日	秦淮灯金陵春,老城南最南京
31	2017年1月23日—2月14日	金鸡迎盛世,花灯耀古城
32	2018年2月16日—3月5日	灯耀古金陵,奋进新时代
33	2019年1月28日—2月22日	华彩金陵春,幸福中国年
34	2020年1月17日—2月11日	灯耀金陵,圆梦小康
35	2021年2月4日—3月1日	百年薪火,点亮金陵
36	2022年1月25日—2月18日	虎年主题
37	2023年1月14日—2月8日	璀璨金陵夜,奋进新征程

备注:农历时间一般为腊月二十三至正月十八,每年会有微调。

(三) 家庭与社区凝聚的休闲空间

不论人们对秦淮灯彩的认知和喜爱程度差异性有多大,但本质上大都认同秦淮灯会的文化内涵,这已然证明秦淮灯会作为传统文化资本的价值所在。在民俗传承的过程中,除了政府部门、旅游场所、企业之外,还必须大力发动文化艺术大师、普通群众、游人等参与到非遗传承中来。不一样的人群要采用不一样方式的民俗主题活动来吸引住,让每一个人群都纳入到民俗的传承中。例如,为了更好地激起青少年人群对秦淮灯会的热爱和兴趣,可以组织社区内的少年儿童灯会、亲子互动灯会等室内或户外主题活动;为了更好地激起中年人群对秦淮灯会的喜爱和赏析,可以在当地举行秦淮灯会知识普及、秦淮灯会游街、秦淮灯会竞答等丰富的主题活动,鼓励企业或商店挂秦淮彩灯(即放灯),来衬托群众上灯玩灯的氛围。

秦淮灯会在增强社会凝聚力上有独特的作用,它提供了家庭和社区凝聚的机会。一方面,秦淮灯会是一项家庭友好型的活动,通常吸引许多家庭前来参加。家庭成员可以一起参观灯会,一起品味传统小吃、观看表演、漫步灯会会场,共同享受温馨的氛围。这种共同的体验有助于家庭成员之间的互动和交流,加强家庭内部的凝聚力。"过年不到夫子庙,等于没过年;到夫子庙不买盏灯,等于没过好年"已经成为南京市民的共识;另一方面,不仅是家庭,秦淮灯会期间也为来自各个社区的人们提供生活交往的休闲场景。当人们汇聚在灯会会场时,他们有机会与来自不同社区的人们互动,建立新的社交联系。这种社区互动促进了跨社区的交流,有助于建立更加紧密的社区网络。在2023年第37届秦淮灯会期间,灯会布展以夫子庙、门东、十里秦淮水上游览线为主共设置各类灯组170组。根据腾讯文旅统计,节庆活动期间南京夫子庙——秦淮风光带风景名胜区跻身"全国5A级景区热度TOP10"榜首位置,7天长假,游客进入夫子庙景区达到217.1万人次,是全国春节期间热度最高的5A级景区。此外,还在城市公共氛围展区如夫子庙东牌坊、夫子庙北牌坊、夫子庙西牌坊、瞻园路牌坊、平江府路牌坊、夫子庙北广场、平江府桥、来燕桥、大石坝街、贡院街、贡院西街、戏院里及瞻园路转盘等地设置灯组40组,几乎是将整个城市的核心区域都变成了灯会的展示区,与居民生活区进行了高度的融合,让居民走出家门就能参与到非遗旅游的休闲环境之中,打破了传统的集中在某一个景区或景点的非遗活动,真正做到了融入社区、融入生活的非遗旅游空间布置。

(四)沉浸式非遗旅游体验

在秦淮灯会现场,人们不仅可以赏灯观景,沿铺一路逛吃打卡,品尝南京特色小吃;可以走进汉服体验馆,穿越千年,惊艳时光;还能到夫子庙灯市选购灯彩非遗传承人扎制的秦淮花灯。景区现场还准备了多彩的新春民俗文化演出、非遗体验、NPC互动表演以及沉浸式实景剧等。现场各种沉浸式体验得到市民、游客的高度肯定。漫步在夫子庙——秦淮风光带,秦淮河悠悠流淌,秦淮灯彩熠熠生辉,各种"行进时观景+沉浸式体验"扑面而来,不断焕发着新的活力。据秦淮区官方统计,2023年除夕至正月十五,夫子庙——秦淮风光带共计接待游客547.62万人次。其中,外地客流量约占游客总人数的六成左右,上海、北京、浙江等地的游客居多。灯会把全国各地的游客吸引了过来。除了沉浸式体验感的强化,智能化技术的应用也是秦淮灯会的特点之一。利用现代技术如智能手机应用、虚拟现实(VR)和增强现实(AR)技术,为游客提供更好的灯会休闲旅游体验。例如,开发手机应用,提供实时导航、节目时间表、票务信息等,使游客更容易获取和分享信息;制定品牌推广策略,在各种媒体平台上开展广告宣传、社交媒体营销、网站推广等手段,以提高知名度和吸引游客。

此外,持续的改进和反馈也是秦淮灯会的一大特点。在非物质文化遗产项目生产性保护的过程当中,政府应作为重要的力量积极引导、培育和监管,营造良好的舆论宣传和市场环境。相关部门要持续做好市场调研和游客反馈,了解游客需求,不断改进秦淮灯会的各个方面,包括活动内容、设施设备、安全措施等,以提供更好的旅游体验。从历年的主题设计中可以看出,其主题紧跟时事和生活热点,能反映民生愿望与需求。正是得益于良好的组织和制度保障,秦淮灯会形成了传承和保护的领导小组、工作小组等组织机构,出台多项制度、办法。

总之,通过融合政府、企业、非遗传承人、社区等多方力量,保障对秦淮灯会非遗传承和旅游利用的资金投入,经过持续多年的打造,秦淮灯会已成为民众的非遗休闲生活空间。以灯会带动非遗挖掘,以非遗挖掘带动传承人保护,以传承人带来传承产品,以产品销售带动传承的积极性,传承积极性保障了非遗传习所,传习所优化了景区吸引力,如此,秦淮灯会形成了丰富的、可进化的非遗旅游传承生态链。

四、中国镇江醋文化博物馆

(一) 中国镇江醋文化博物馆概况

在中国,醋的历史可追溯到商朝时期,早在三千年前,就已经有了关于使用曲来酿酒、使用梅子来制作酸性调味品的记录。随着时间的推移,中国的醋文化得以不断发展壮大,醋已经超越了单纯作为一种调味品的地位,成为一种文化的象征和符号,代表着人类集体智慧的结晶。

醋,一直是镇江人的骄傲,是古城镇江对外交往的一张特殊名片。镇江人对醋的骄傲不是没理由的,《中国医药大典》早有定说:"醋产浙江杭绍二县为佳,实则以江苏镇江为最。"镇江香醋具有得天独厚的地理环境与独特精湛的酿造工艺。镇江香醋用料极其考究,选用江南地区优质糯米为主要原料,采用优良的酸醋菌种,经过固体分层发酵及酿酒、制醅、淋醋三大过程,40多道工序,历时70多天精制而成,再经6—12个月的储存期,然后才能包装出厂。镇江广为流传的"杜康造酒儿造醋"的民间传说,为镇江香醋蒙上了神奇的色彩。镇江香醋以其质地优良、风味独特跃居全国四大名醋之首。作为百年历史的产物,镇江醋以其独特的风味和优良的品质闻名世界。镇江中国醋文化博物馆则以其丰富的收藏和详实地展示了中国醋文化的多维面貌。

中国醋文化博物馆于2010年创立,是国内首个专业性主题醋文化博物馆,也是镇江市第一个集文化遗产保护、科普教育、工业旅游等功能于一体的主题展馆。博物馆由恒顺集团投资建设,占地8 000多平方米,包含厂史馆、醋史馆、醋坊、酱园、酒海、三酉堂、现代工艺馆、智慧恒顺参观通道等八大展馆,以及传统晒醋区、智能灌装区等,是江苏省"十一五"百项重点文化建设项目之一,被列入长三角世博主题体验之旅示范点,2021年入选首批江苏省非遗旅游体验基地。这座博物馆向游客展示了中国醋文化的深厚历史和独特之处,它不仅仅是一个展览场所,更是一座让人沉浸其中、了解中国醋文化的重要地标。

醋史馆主要介绍醋的起源和历史演进,并按照朝代的顺序展示了醋的文化脉络,还使用LED大屏幕详细介绍了中国醋的流派、世界醋的种类以及相关知识。陈列馆里布展了包括恒顺、山西、山东等地,以及来自美国、日本、德国等10多个国家的数百个醋产品。展馆通过介绍中国醋文化的历史背景和地域特点,向游客们呈现醋在中国文化中的重要地位。这些信息丰富了游客对醋的认知和了解,使游客对醋在不同历史阶段的重要性和发展变化、特点、用途有更全面的了解,从而更好地理解中国醋文化的演变过程。游客还可以通过观看演播室内播放的专题片,了解到醋作为中国传统调料的多种用途,以及其在中医药、烹饪和健康保健方面的应用。同时,展馆还能够让游客领略到醋的独特制作工艺和风味特点。从醋的原料种植、采摘,到制作过程中的发酵技术,博物馆通过模型、图片、文字和多媒体展示,将这些过程呈现在游客面前,让游客得以全面了解镇江醋的制作工艺和历史发展。

其中,老作坊的场景重现了二十世纪二三十年代旧式手工酿醋作坊的原貌,全部都是木结构建筑,古朴厚重。坊内陈列着手工制醋的全套工具及每个传统制醋工序,还安排了制醋技师现场表演制酒酿、翻醋缸、淋醋、酱醋等工艺过程。在老作坊里,还能免费品尝用传统工艺酿制、存放2年以上的精品黄豆醋、薏仁醋、黑豆醋、大蒜醋等,醋味各异,回味无穷。游客可以参与制作醋的互动体验活动,感受其中的乐趣。

博物馆院内,有"酉亭""昔亭"水榭露台,散发出江南小镇的灵气。两座亭子设计精巧,二亭合一就是一个"醋"字。整个博物馆展区也充分体现了江南地方特色,小桥流水的庭院与四季花开的风光相融合,前店后作的酱园与现代壮观的工厂相辉映,再现了"恒顺百花会馆"的历史风情。这些场景的设计让镇江当地人倍感亲切,并且能够让外地游客更好地了解镇江香醋所融入的地域文化。通过展示这些地域特色,游客可以对镇江香醋的独特性和历史渊源有更深入的了解。

(二)互动制作+研学体验

随着旅游业的发展,如何将镇江醋文化与非物质文化遗产旅游相结合,实现融合发展成为亟待解决的问题。当前,镇江的中国醋文化博物馆做了一些创新的尝试。

活态性和互动性是醋文化博物馆的特色。中国醋文化馆是集生产、展示、传承与旅游于一体的发展模式,真正体现了"活着的非遗",特别是老作坊展馆内,完整地保留了"制醋先制酒、二十一日由酒成醋"的恒顺国家级非遗制醋工艺,被誉为"活着的国家工业遗产"。游客可以一边了解醋的发展历史、观看制作工艺,同时体验制作流程、品尝醋制作出来的产品、购买醋相关的周边文创产品,沉浸式地体验、品味醋文化。例如,游客可以在老作坊亲手制醋,再制作一款有自己肖像的商标,张贴在香醋瓶上带回家;可以在"小二"的叫卖声中,在柜台上投入硬币,自动选择上海世博会专供的蜂蜜醋、香妃醋、苹果醋等进行品尝;游客可以点击屏幕,学习香醋做菜的烹饪技巧;也可以在"古时药房"

的大药柜前,从一只只抽屉中选出醋的各种药用"处方"。游客在结束参观的时候,还可以买上几件恒顺集团的新产品:醋糖、醋豆、醋胶囊、醋饮料等。制作体验之外,该博物馆还将体验升级到艺术欣赏的层面,2020年首次将沉浸式表演引入工业展馆,与上海戏剧学院合作打造沉浸式话剧《坛中酿山河》,让游客和演员在现场融为一体,带来全新的体验。

在提高游客体验感的同时,中国醋文化博物馆不断创新"非遗+研学"的形式,自主研发设计青少年科普研学游项目。从2020年开始,中国醋文化博物馆经过深入开发挖掘,打造青少年科普研学游"恒顺非遗小课堂"以及"恒顺小百花"课堂项目。目前,"恒顺非遗小课堂"已吸引2 000多名学员参加,基地设有近千平方米的课堂场地,以中小学生为核心人群,通过授课、实验、游戏等多方面加深青少年对非遗的认知。"恒顺小百花"研学课堂由点及面,通过对独特的传统酿造非遗的深入挖掘,结合醋、酱、酒文化体验旅游区、工厂体验区以及恒顺国家研发中心,让青少年在了解中国醋文化前世今生的同时,将醋坊作为重要的互动体验场所详细分解传统酿造文化,让广大青少年走进传统与现代相结合的工业厂区,了解中国传统酿造工业发展的历程。2021年,中国醋文化博物馆接待的学生人数就达两万余人次。

(三)文化传播+技艺传习

中国醋文化博物馆积极举办各类醋文化主题活动,如醋文化讲座、品鉴会和传统醋制作技巧培训等,旨在进一步推广和弘扬中国醋文化。在醋的发展历程中,除了烹饪中的广泛应用外,醋在中国的文化和习俗活动中也扮演着重要角色。例如,在传统的糖醋鱼中,醋被赋予了辛辣而又鲜美的味道,象征着家庭和睦、团结和欢乐;在婚礼和节日庆典中,人们会用醋来表示祝福,将其视为吉祥的象征。醋作为一种文化符号,已经深入人心。它不仅仅是味觉享受的来源,更是人们对于传统文化的传承和尊重。通过将醋与中国传统文化相结合,人们能够更深入地了解和体验中国独特的饮食文化,并将其传承给后代。在这类文旅活动的设计中,醋不仅是作为一种调味品,更是一种地方非遗的文化符号,通过探索和传承醋文化,让游客能够更好地理解和欣赏中国的饮食文化,同时也能够让这一宝贵的文化遗产得以传承和发展。

中国醋文化博物馆也做了非遗文化传习机制方面的探索。自 2006 年起，中国醋文化博物馆分别建成恒顺"乔贵清大师制醋工作室""赵和云大师制酒工作室""周良洪大师制酱工作室"等，展示的作品均由传承人亲手打造。目前，这些非遗工作室已成为科普酿造技艺、授徒传艺开展传习活动的重要基地，酿造大师们定期在工作室从香醋风味、质量、工艺等多方面进行教学和讲演，已形成常态化的"大师学堂"。中国镇江醋文化博物馆是一个向世界展示中国镇江醋文化瑰宝的重要场所。无论游客是对传统食品制作工艺感兴趣，还是对中国文化和历史有着浓厚兴趣，借助于博物馆都能获得良好的体验和收获。

（四）融媒体+智慧文旅

中国醋文化博物馆十分重视与主流媒体的合作，极大地提升了其宣传效应。例如，中央广播电视总台《舌尖上的中国》《走遍中国》《走进非遗》《大手牵小手》等大型栏目曾先后来到醋文化博物馆，拍摄传统饮食文化及非遗。博物馆与江苏卫视联合打造以"爱情、吃醋"为主题的相亲节目，成为地方媒体重要共建单位。此外，还为国际食醋论坛、中国工业文化和遗产保护论坛等重要行业内大型活动提供实地学习、讨论、观摩的场地等，并积极参与大运河博览会、老字号博览会等有重要影响的文旅及行业内活动。

积极推进"全数字化重塑项目"产业变革和创新升级。为实现潜在游客远程游览，中国醋文化博物馆利用 VR 全景技术，突破传统博物馆参观时间和空间的限制，深度挖掘和释放传统文化的内涵，让游客尽情独享"空无一人"的醋文化博物馆游览。智慧恒顺参观通道是博物馆中一个创新的互动体验区。通过虚拟现实技术和媒体互动，游客可以深入了解恒顺醋业的文化内涵和传统价值。博物馆还采用虚实融合的技术，线上提供直观学习醋文化、醋的制作流程，提升云游的趣味性和便利性。例如，通过师徒在醋坊内对海内外游客进行在线展示展演，并将 VR 技术、3D、UI 技术等运用于非遗作品、非遗制作工艺中，用数字化传承发展非遗，让现代人更多了解非遗、热爱非遗。

博物馆甚至还将镇馆之宝——"九龙坛"制作成数字藏品，首发于数藏中国平台，将文化"装"进元宇宙，开启了博物馆的元宇宙时代，成功地探索了科普、文化形象传播的新途径。除持续开展线上科普与宣传外,中国醋文化博物馆将节庆活动搬到"云"上。由该博物馆承办的第 45 届恒顺酱醋文化节不仅开展了"线上下单、线下提货"活动和主题网红直播间,而且独具创新地组织全省 13 个设区市线上线下同步开展"打醋、打酱油"民俗科普旅游活动。企业从自身宣传发展需要出发,利用博物馆平台,努力打造及运营线上云游。博物馆先后开通抖音官方账号、微信短视频等。组织拍摄云游活动数十场,短视频近百条,形成了"小刘带您游醋博""了不起的工匠——制醋大师乔贵清"及"制酒大师赵和云"为主的博物馆系列内容,线上累计观看人数达百万人次,所拍的视频多次登上江苏省及镇江市文旅等官方平台。

总之,镇江的中国醋文化博物馆在非遗与旅游融发发展上的探索具有重要价值。在非遗传承上,作为传承镇江醋文化的重要载体,能够有效地传承非物质文化遗产;在促进旅游业发展上,将非遗和旅游相结合,可以为镇江旅游业带来新的发展机遇和经济效益;在提升地方形象上,通过推动镇江醋文化博物馆非遗旅游融合发展,有助于树立地方形象和文化品牌,提升镇江的知名度和美誉度。但是,醋文化博物馆未来发展也存在一些需要继续深挖的问题和挑战,包括如何在旅游开发中确保对非遗的创造传承;如何将醋文化博物馆与其他旅游景点相结合,打造完整的旅游线路和体验;如何借助文旅融合发展的良好趋势,拓展醋文化商品销售类型和延伸产品等。未来,在不断丰富国家级非遗——镇江恒顺香醋酿制技艺的活化利用的同时,逐步搭建出深化非遗传承的工业旅游格局是长期探索的方向。

五、串联成线的"非遗嘉年华"

(一)非遗主题休闲展会

2023 年,文化和旅游部发布关于《推动非物质文化遗产与旅游深度融合发展的通知》,指出要积极举办"非遗购物节""非遗美食节"等活动,发展非物质文化遗产旅游。不同于徐州伏羊节、溱潼会船节等传统的非遗节庆活动,非遗购物节、非遗美食节、非遗展会是现代人通过休闲活动的策划与管理将众多的非遗项目和非遗活动组合成有规划的旅游休闲活动,其目的是为人们提供一个欣赏、了解和参与非物质文化遗产的机会,促进传统技艺、表演艺术、手工艺等非遗项目的传承与发展。通过举办非遗旅游节,可以吸引更多人关注非遗项目,为其传承打下坚实的基础。当然,促进地方经济发展也是重要的目的之一。通过有组织性的非遗旅游节,将散落在各地的非遗资源进行整合,能够吸引大量游客前来参观、体验和购买非遗产品,从而推动当地旅游业、手工业、餐饮业等相关产业的发展。这不仅为当地居民提供了增加收入的机会,也促进了地方经济的繁荣。例如,2023年9月,在江苏淮安里运河畔清江浦1415文化街区,由中国非物质文化遗产保护协会指导,江苏省文化和旅游厅、淮安市人民政府共同主办的大运河城市非遗盛会——第六届中国(淮安)大运河城市非遗展正是非遗主题展会的代表。它以"多彩非遗 乐享生活"为主题,传承过去五届的成功经验,汇聚大运河沿线8省(市)100余项非物质文化遗产,如戏曲表演、美食品鉴、工艺绝活等,沉浸式地展示大运河沿线城市非遗之美,汇聚美好生活创意,打造文旅消费新形态,不断满足人民群众对美好生活的向往,这一活动被形象地称为大运河"非遗嘉年华"。再如,已举办五届的大运河文化旅游博览会,把运河非遗主题展作为重要板块,集中推介运河沿线城市非遗代表性项目,并通过活态展示展演和互动体验,不仅让人们感受到非遗的多彩魅力,也给人们带来了旅游的冲动。2021年,在苏州举办的第三届运博会,累计有超过13.6万人次走进现场,线上观众突破2.7亿人次,效益良好。

(二)非遗主题旅游线路

随着面向游客开放的非遗主题景区景点、展示场馆、体验场所的增加,旅行社、旅游网站等专业服务平台在热门旅游目的地线路规划中增设了不少非遗景点观览、演出观看、手工体验项目等,并作为行程亮点予以强调;在非遗资源密集且特色明显、交通区位优势兼备的地区,非遗保护部门还与这些旅游服务平台开展合作,探索推出了成系列的非遗主题旅游线路。非遗旅游线路像一条条璀璨的项链,巧妙地串联起江苏景区景点、古城古镇、古街巷古村落内非遗展示、非遗演艺、非遗文创、非遗美食等内容,通过观赏走读及互动体验形式,吸引越来越多的游客在江苏景区与非遗"不期而遇",感受江苏美的风光、美的味道、美的人文、美的生活,收获美的发现。

同时,伴随着全域旅游、乡村旅游的全面铺开,文化深度游、乡村体验游、手工艺体验游等的消费群体不断扩大。非遗主题旅游线路提供的本土化、个性化、多元化的特色线路可引导游客探索独特而鲜活的旅游目的地文化,体验地道而有趣的原住民社区生活,或将成为当代旅游人群的新潮流。在这一趋势带动下,近年来,从事乡村旅游服务的民俗户、农家乐、乡村民宿、度假村等也主动加入非遗体验点行列,升级休闲娱乐服务项目,为游客提供节气农事体验、传统饮食制作体验、传统手工艺制作体验等具有本土文化特色的服务类产品。在这一行业发展背景下,越来越多非物质文化遗产被列入旅游行程的特色资源目录,纳入主干景点线路,并将其作为增添感官享受、提升互动乐趣、加深文化体验、扩展求知收获的主要举措。

(三)非遗景区综合体

在创新载体中推进非遗旅游融合向实里走。从某种程度上讲,无论是非遗保护传承,还是旅游特色发展,都需要通过创新平台载体,实现非遗与旅游的融合互促。比如,创设非遗创意基地、非遗旅游体验基地,并研究制定认定管理办法,目的就是打造集传承、体验、教育、培训、旅游等功能于一体的非遗旅游融合载体。目前,全省认定省级非遗创意基地13家、非遗旅游体验基地10家,已成为人们感知非遗、亲近非遗、牵手非遗的重要场所和旅游目的地。无锡在惠山古镇、拈花湾、清明桥历史街区等多个热门景区融入惠山泥人、宜兴紫砂、留青竹刻、无锡精微绣等国家级非遗项目体验点。这些非遗展示体验项目的入驻,实现了人文资源与无形服务的同步提升,使得游客从单纯性的观光游行为升级为多元化的休闲体验游。全域性推进非遗资源与景区景点的有机结合,以期达成非遗保护与旅游开发、社会效益与经济效益的双赢局面。

"非遗进景区"使得静态观光型景点与动态体验型展项相串联,欣赏型自然人文景观和参与型生产生活场景相衔接,全面升级景区游览线路,满足旅游消费者的感官体验、认知探索等深层次需求;也为非遗传承人及从业者增添了展演平台，从增加谋生和传艺渠道、扩大项目知名度等方面获益，因而这一类型也是非遗与旅游融合最为常见的类型，易实现、易见效。其中有一类非遗主题旅游景点，福建省、台湾地区等称之为观光工厂，是非遗传习场所扩展旅游观光功能的重要方式。一些具备基础条件的传统技艺类、中医药类、传统美术类非遗项目保护单位将制作工坊、生产场所等升级为兼具制作生产、观光体验、展示售卖功能的非遗主题观光工厂。这一类景点让非物质文化遗产的生产性保护与体验经济挂钩，将非遗的独特工艺流程、手工制作场景、特色生产风貌等转化为新型旅游吸引物，用家喻户晓的老字号品牌、耳熟能详的地方特产等吸引感兴趣的人群，通过观光工厂实现文化传播和产品营销的有机整合。

第五章

非物质文化遗产旅游满意度分析：基于游客的视角

一、旅游者与非物质文化遗产旅游的主客关系

旅游者对非物质文化遗产的发展有着最直接的感知，非物质文化遗产与旅游者的关系对非遗旅游的发展存在一定的影响。随着经济技术的快速发展，群众的精神文化层次逐步提高，审美需求有了变化，旅游不再是单纯地看山看水买纪念品，而是希望能够体验当地的风俗特色，换言之，希望能感受不一样的文化魅力。在旅游者游玩的过程中，旅游范围越发广泛，旅游经验越发丰富，已经不局限于普通的走马观花，而是追求高层次、高质量的心理感受。因此，多姿多彩的非物质文化遗产已经逐渐成为旅游者观赏、游玩的首选目标。游客是旅游的主体，旅游活动强调个人经验和参与，游客在参加旅游活动的过程中追求高质量的旅游体验，良好的旅游体验对游客的旅游活动具有正向的促进。重视游客在非物质遗产中的地位，建立新的旅游文化模型，使游客能够体验物有所值的旅游体验，增强他们对非物质文化遗产的兴趣和热爱，并对其给予重视，以更好地继承和发展非物质文化遗产。

在对非遗旅游进行开发中，需要对游客主体的需求进行充分的了解和尊重，促进主客体的沟通，激发文化承载者的文化自觉性，提升大众的参与感与满意感，使旅游者切实融入到非物质文化遗产的发展传承上。

(一)旅游体验是非遗保护和传承的重要方式

非物质文化遗产是多种民族文化的代表和象征,是一种宝贵的旅游资源。游客通过参与非物质文化遗产旅游项目,欣赏和感受非物质文化遗产,了解非物质文化遗产中的杰出技能、工艺、意识形态和文化,是实现非遗保护和继承的有效路径。例如,甘露舞狮——无锡市第一批市级非物质文化遗产代表性扩展项目名录传统舞蹈类项目。甘露舞狮因古镇每年举办烈帝庙庙会而产生,传承至今已有数百年的历史,明、清时期特别兴旺。狮子在中华各族人民心目中为瑞兽,象征着吉祥如意,从而在舞狮活动中寄托着民众消灾除害、求吉纳福的美好意愿。参加当地舞狮节目和活动的游客不仅可以体验和了解当地的民间文化,而且在旅游活动中也可以被异国文化感染和影响,得到身心愉悦和情感共鸣。

随着经济的发展,从公众的角度来看,一些非物质文化遗产逐渐消失或变得不活跃,并且一些非物质文化遗产被国外文化所影响,逐渐发生转化或被替代。许多原始技能已经丧失,并且随着一些传统旅游活动的发展,游客可以亲自参与的传统文化项目正在逐渐消失。因此,让游客通过参与非物质文化遗产先关的旅游活动、旅游体验可以极大提高公众对非物质文化遗产的认识。过去,人们一直忽视非物质文化遗产的经济和社会价值,但是现在人们越来越意识到,依托文旅融合的思路,非物质文化遗产背后的经济和社会利益正在增长。只要游客参与其中,就会增加他们对非物质文化遗产的了解,提高人们对保护人类共同文化财富的认知。同时,游客的到来可以带来旅游品牌的巨大效益,并通过提升当地旅游形象和知名度,促进产品销售和旅游文化的保护。例如,苏南地区旅游业的发展和吴越文化的保护与传承正是如此。

(二)旅游者的态度对非物质文化遗产资源开发的影响

旅游活动可以为当地居民创造就业机会,提供服务和产品,因此,旅游者积极的兴趣和态度可以为非物质文化遗产资源的开发提供经济潜力。同时,旅游者对非物质文化遗产的尊重和关注可以促进非物质文化遗产的保护和传承。他们的积极参与可以帮助保护遗产,并确保其得到传统知识和技能的传承。在非遗旅游活动中,旅游者对非遗的关注可以增强社会对非物质文化遗产的意识和认可。通过旅游活动,更多人可以了解和欣赏非物质文化遗产的独特之处,进而提高对其保护和传承的重视度。在文化交流方面,旅游者积极的支持态度可以促进文化交流和相互理解,尤其是通过与当地社区的互动,可以学习和体验非物质文化遗产的价值观、信仰和传统习俗,从而增进跨文化的交流。

旅游者对非物质文化遗产的态度不仅能够反映遗产传承与发展现状,而且影响与制约着资源开发质量与方向。例如,如果旅游者对非物质文化遗产缺乏尊重或不遵守相关规定,可能导致遗产的破坏或滥用,可能对非遗的传承和发展产生负面影响。因此,旅游者的教育和意识提高也很重要,以确保他们以可持续和负责任的方式参与非物质文化遗产资源的开发。

二、非遗旅游满意度指标体系的构建

非物质文化遗产旅游是认识一座城市甚至一个国家最有效的途径之一。通过非物质文化遗产旅游的主题演艺、互动参与和体验制作,游客有机会更好地了解和学习非物质文化遗产,满足游客更高层次的心理需求。2018年,顺应社会发展的潮流,国务院设立国家文化和旅游部,开启了文旅融合的新篇章,旅游逐渐转向深度体验旅游,欣赏自然美景+体验当地的特色文化逐渐成为"标配"。2023年2月,文化和旅游部发布《关于推动非物质文化遗产与旅游深度融合发展的通知》,从国家顶层设计来提出做好非物质文化遗产的旅游活化利用,并明确要求牢牢把握非物质文化遗产保护传承和旅游发展的规律特点,推动建设一批特色鲜明、氛围浓厚、当地群众和游客认可的非物质文化遗产特色景区或非遗旅游产品,成为中国文旅事业的一个长期发展方向。同年9月,江苏省文旅厅出台《关于推进非物质文化遗产与旅游深度融合发展的实施意见》(以下简称《意见》)。《意见》包括三大部分,共12条,从培育推荐非遗项目、发挥传统民俗文化特色、搭建表演艺术展示平台等9个方面明确工作内容和方向,并从加强组织领导、健全工作机制、做好总结评估等方面提出保障措施和监督管理机制。在这种背景下,非遗旅游景区或产品的运营理念也发生了重大变化,以往追求"以质取胜"的传统旅游发展形式难以顺应时代发展的需求,游客满意度或认可度成为权衡非遗旅游质量发展的关键衡量指标。

(一)游客满意度

游客满意度是游客对目的地的期望与实际感知相比较后,所形成的愉悦或失望的感觉状态,在目的地管理及营销中具有重要作用。它是一个复杂的心理现象,受到多种因素的影响。例如,满足更多层次的需求的非遗旅游产品可能会提高游客的满意度,而未能满足这些需求可能会降低满意度。如果游客的需求或期望与实际体验相符或超出期望,他们更有可能感到满意;如果期望未能满足,游客可能会感到不满。了解和满足游客的需求和期望,提供高质量的服务和积极的情感体验,有助于提高游客的满意度,增强他们对旅游目的地的忠诚度,并形成口碑传播。因此,旅游业经常致力于研究和理解这些心理影响因素,以改善游客体验和满意度。

游客满意度的研究起源于制造业的产品质量和服务质量研究,美国学者比萨和纽曼(Pizam & Neumann,1978)对旅游目的地游客满意的研究,为游客满意理论的研究奠定了基础。Pizam指出,游客满意度是游客对目的地的期望和到目的地后的实际感知相比较的结果,认为海滩、机会、成本、好客度、餐饮设施、住宿设施、环境、商业化程度是影响海滨旅游地游客满意的八个影响因子。[1] 比尔德等(Beard etc.,1980)强调游客满意度建立在游客期望和实际感知相比较的正效应基础之上,呈现的是积极的的感知或感觉[2]。特斯和威尔顿(Tse & Wilto,1988)提出的感知绩效模型则认为不管游客出发之前对目的地的期望怎样,游客的满意度只取决于在目的地的实际感知[3]。顾客感知价值理论由奥利沃和斯旺(Oliver & Swan,1989)提出,根据这一理论,游客的满

---

[1] Pizam A, Neumann Y. Dimensions of tourist satisfaction with a destination area[J]. Annals of Tourism Research. 1978(5).

[2] Beard, J. G., And Ragheb, M. G. (1980). Measuring Leisure Satisfaction. Journal of Leisure Research, 12(1), 20-33.

[3] Tse, D. K., & Wilton, P. C. (1988). Models of consumer satisfaction formation: An extension. Journal of marketing research, 25(2), 204-212.

意度取决于游客所获与旅游所花时间、金钱和精力之间的比较关系,如果所获大于花费,则认为此次旅游是非常值得的,满意度即高,反之则相反[①]。阿卡玛等(Akama etc.,2003)以肯尼亚 Tsavo West 国家公园为案例,利用 SERVQUAL 模型对其游客满意度进行测量和服务质量分析[②]。

在国外,有不少国家的旅游满意度测评体系已较成熟,而在中国相关的满意度指数测评体系还处于创立阶段。在中国,对游客满意度的研究主要包括游客满意度的定义、影响因素、评价指标体系、测评模型等。王群等(2006)根据科罗斯·费耐尔(Claes fornell)总结的顾客满意度指数(American Customer Satisfaction Index,简称 ACSI),从环境感知、旅游期望、游览期望、游客满意度、游客忠诚和游客抱怨六大影响模块建立了旅游环球游客满意度指数(TSI)测评模型,并对中国黄山风景区进行了实证分析。[③] 连漪等根据费耐尔逻辑模型和旅游业食、住、行、游、娱、购6要素特点,构建了旅游地顾客满意度指数的测评模型(TDSI)[④]。同时,在研究方法上,对游客满意度进行了大量实证研究,案例地主要集中在旅游发展比较成熟的深圳、桂林、南京、广州、黄山等地的游客满意度。

由于游客满意度本质上是一种"认知—感情"过程,游客在游览前的期望与游览后产生实际感受的进程中,会受到游客本身所具备的社会价值、功能价值、情感价值、认知价值和情景价值等主观情感认知因素影响,具有很强的认知主观性和个体需求上的独特性。所以,对具有历史、艺术、科学多元属性,并以完整、原真、可持续为开发导向的非物质文化遗产而言,精准地把握游客的期望和需求,并据此制定出针对性的解决方案,成为提升游客满意度进而实现可持续发展的关键。

---

① Oliver, R. L., & Swan, J. E. (1989). Consumer perceptions of interpersonal equity and satisfaction in transactions: a field survey approach. Journal of marketing, 53(2), 21-35.
② Akama, J. S., And Kieti, D. M. (2003). Measuring Tourist Satisfaction With Kenya's Wildlife Safari: A Case Study Of Tsavo West National Park. Tourism Management, 24(1), 73-81.
③ 王群,丁祖荣,章锦河,等.旅游环境游客满意度的指数测评模型——以黄山风景区为例[J].地理研究,2006,25(1):11.
④ 连漪,汪侠.旅游地顾客满意度测评指标体系的研究及应用[J].旅游学刊,2004,19(5):5.

（二）非遗旅游与游客满意度的相关研究

对于许多拥有非遗文化资源的国家来说，非物质文化遗产近年来已成为旅游发展的重要领域[①]，并认识到游客满意度对非遗文化持续传承的重要性。研究发现，游客对非物质文化遗产的真实性体验对于非物质文化遗产的认知和传承非常重要。与此同时，研究发现，游客的文化背景、教育背景、职业、经验和兴趣等因素会影响他们对于非物质文化遗产的感知和满意度。因此，需要考虑游客的不同特征，以便更好地满足他们的需求和提高他们的满意度。苏，信薇（Su，Xinwei，2020）将主观活力引入到非物质文化遗产旅游中，并提出一个涉及主观活力、真实体验、体验质量、感知价值和游客行为意向的理论模型。此外，还需要研究游客对于非物质文化遗产的感知和态度随时间的变化，以便更好地了解他们的需求和兴趣。研究表明游客对于非物质文化遗产的体验和满意度不仅仅是单一的文化活动，而是与游客整个旅游体验相结合的。因此，需要综合考虑非物质文化遗产与旅游目的地的相关关系，以便更好地设计旅游产品和提供旅游服务。这些元素包括旅游目的地的属性，如旅游资源的品质、旅游服务的质量、旅游设施的便利程度等；消费者行为，如包括游客的消费水平、消费意愿、购买行为等；情感和情感体验，如游客的感知和情感体验、游客的态度、情感和行为倾向等；市场营销活动，如广告宣传、促销策略、营销活动等，这些元素最终都会作用于旅游体验，影响游客的感知和评价、旅游满意度。Tomás López-Guzmán（2015）在分析西班牙科尔多瓦市非物质文化遗产——花园节与游客感知之间的关系中发现，游客对花园节的感知以及游客满意度相关的三个因素是舒适度、服务和适应性。并发现不同性别的游客在满意度评价上存在一个较大的差距。相关研究可以帮助开发最能满足游客需求并与非遗的可持续管理相兼容的文化旅游产品。

最后，需要指出的是，游客对于非物质文化遗产的感知不仅关乎到游客的体验和满意度，也涉及当地居民的生计和文化认同。因此，研究游客对于非物质文

[①] Qiu Q, Zheng T, Xiang Z, Zhang M. Visiting Intangible Cultural Heritage Tourism Sites: From Value Cognition to Attitude and Intention. *Sustainability*. 2020；12(1)：132.

化遗产的感知，可以更好地保护和传承非物质文化遗产。需要综合考虑旅游业、文化保护和当地社区的需求和利益，以便实现可持续的非物质文化遗产旅游。

综上所述，基于游客满意度的非物质文化遗产旅游研究是一个重要的研究领域，需要深入研究游客对于非物质文化遗产旅游的感知、满意度和需求，以便更好地保护和传承非物质文化遗产，同时提高游客的满意度和旅游业的经济效益。本章选取无锡市为调研城市，从消费支出水平、活动内容设计、场所便利性、信息宣传等方面设计游客对非物质文化遗产旅游体验满意度的测评指标，根据不同满意度影响因素与总体满意度的相关分析与比较，试图建立适合非物质文化遗产旅游产品游客满意度的度量指标，并发现密切相关的影响因子，对可持续遗产旅游领域作出有价值的补充。

三、调研与数据分析

（一）研究方法

1. 调查对象

调研对象为江苏省无锡市历史文化旅游区的游客，具体包括3个非遗旅游聚集区：清明桥运河街区、南禅寺运河码头、惠山古镇。无锡市历史悠久，城市已有2 200多年的历史，保存下来的历史遗存和非物质文化遗产非常丰富，目前拥有非物质文化遗产代表性项目361项，其中，国家级11项、省级51项、市级168项；拥有非遗项目代表性传承人590人。其中，清明桥运河街区、南禅寺运河码头、惠山古镇为无锡知名的历史文化旅游区，也是非遗旅游资源较为集中的景点。为了创新非遗消费场景，给市民和游客提供更优质的非遗文化体验，2023年无锡市政府发布了"运河沿线非遗特色休闲游"等8条非遗旅游线路，涵盖了这3个景点[①]。

---

① 无锡市人民政府.探索江南文脉传承创新的"无锡模式"[EB/OL]. 2023-07. https://www.wuxi.gov.cn/doc/2023/07/10/4006460.shtml.

因此,调研地点在非遗和旅游融合发展上具有较好的地方代表性。

调研时间为 2023 年 6—7 月,共发放问卷 170 份,回收问卷 158 份,其中,有效问卷 152 份,有效回收率为 89.4%。具体发放时间、地点及回收情况,如表 5.1 所示。

表 5.1 调研问卷回收信息表

调研地点	问卷发放(份)	问卷有效(份)
清明桥运河街区	57	50
南禅寺运河码头	50	45
惠山古镇	63	57
总计	170	152

2. 问卷设计

在参考以往学者关于非遗旅游中游客体验的评价指标或影响因素的基础上,结合调研具体情况,进行修改和补充,形成一个逐级展开的多层次、多维度的测评体系:为检定游客参观非遗旅游的满意度评价设计了 20 个问项,主要包括门票等费用支出、非遗活动体验、旅游场所的交通便捷性、非遗旅游宣传与信息获取的便捷性等方面的问题。为方便数据信息的搜集和统计分析,游客满意度指标主要采用态度量化方法,运用国内外较为广泛的李克特 5 级量表尺度(Likert Scale)来测定(1=非常不满意,5=非常满意)。问卷还涉及被调查者的基本情况,包括性别、年龄、来源地、同行人员、行程目的、文化程度、月收入等。

3. 数据处理方法

本研究对调查所得的数据通过统计学工具 SPSS22.0 进行研究分析。对所得数据进行信度检验、KMO 检验,采用探索性因子分析方法中的主成分分析法萃取了影响游客对非遗旅游满意度评价的公共因子,运用独立样本 T 检验方法和 ANOVA 单因素方差分析法分析受访者社会人口信息与非遗旅游满意度之间的关系,用线性回归法分析各因子与总体满意度之间的关系。

(二)研究结果与分析

在信度和效度分析处理上,利用克朗巴哈系数(Cronbach's α indexes)进行量表的信度评价。问卷模型的 Cronbach's α 系数值为 0.915,说明问卷整体和组间问题的内在一致性较好,信度较高。同时,使用因子分析方法检测问卷各指标之间的相关性,结果显示:KMO 的值为 0.95(>0.6),同时,巴特利(Bartlett)球形检验的显著性 P 值为 0.000***(<0.05),水平上呈现显著性,各变量间具有相关性,因子分析有效,程度为适合。

1. 调查对象的人口统计学特征

受访人群中男生占比为 44.1%,女生占比为 55.9%,男女比例较为平衡,反映此次调研结果的科学性。从年龄上看,18 岁以下的比例是 11.2%,19—28 岁的占 41.4%,29—55 岁的占 38.8%,56 岁以上的占 8.6%。从学历水平看,高中及以下学历的占 18.4%,专科学历的占 25%,本科学历的占比最大,为 46.7%,达到将近一半的比例,研究生学历的占比 9.9%。受访人群中来自无锡本地的有 37.5%,江苏省内其他地市的有 22.4%,外省游客的比例是 33.6%,省外其他地区的占 6.6%。居民月平均收入水平在 3 000 元以下为 19.1%,3 000—5 000 元的为 29.6%,5 000—8 000 元的为 36.2%,8 000 元以上的占 15.1%。根据国家统计局公布的数字,2022 年全国居民人均可支配收入为 36 883 元,江苏省的人均可支配收入为 49 862 元,换算成月平均分别为 3 074 和 4 155 元,由此可见,游客的居民收入水平相对处于中等偏高层次。主要同行人员占比最多的是陪父母前来旅游,占 40.8%,其次是独自旅行的,占 16.4%。非遗旅游的主要目的中参与活动占比最高,为 61.2%,最少的是纯粹的游玩休闲,占比 3.9%(表 5.2)。

表 5.2　受访人群基本信息表

内容	构成	频数(人)	百分比(%)
年龄	18 岁及以下	17	11.2
	19—28 岁	63	41.4
	29—55 岁	59	38.8
	56 岁以上	13	8.6
性别	男	67	44.1
	女	85	55.9

(续表)

内容	构成	频数(人)	百分比(%)
来源地	本市	57	37.5
	本省其他地市	34	22.4
	外省	51	33.6
	其他	10	6.6
主要同行人员	朋友	23	15.1
	子女	24	15.8
	父母	62	40.8
	独自	25	16.4
	其他	18	11.8
此行的主要目的	文化体验	15	9.9
	参与活动	93	61.2
	知识学习	12	7.9
	游玩休闲	6	3.9
	刚巧经过	16	10.5
	其他	10	6.6
教育程度	高中及以下	28	18.4
	专科	38	25.0
	本科	71	46.7
	研究生	15	9.9
平均月收入	3 000 元及以下	29	19.1
	3 000—5 000 元	45	29.6
	5 000—8 000 元	55	36.2
	8 000 元以上	23	15.1
合计		152	100

2. 游客对非遗旅游体验评价的因子分析

开展探索性因子分析,以特征根＞1、旋转后因子载荷系数＞0.5(Bryman

and Cramer 2011)作为条件,可以发现在选取的20项评价描述项中只有19项参与了因子分析,另外1个描述项非遗旅游导览服务的满意度因子负荷值小于0.5,公因子方差小于0.4,为了提高因子分析的结果,剔除此项不符合要求的指标。在此基础上,采用主成分因子分析法(PCA),利用最大正交旋转法,获得的方差解释表中,在主成分4时,总方差解释的特征根低于1.0,变量解释的贡献率达到73.096%,主成分4的特征(0.991)根小于1.0临界值过大,结合具体情况具体分析,将主成分4也列入主要因素之一。累积方差解释率达到78.47%。4个满意度公因子(表5.3)分别命名为媒体宣传与信息服务、活动内容与体验、费用支出、交通与环境。根据均值(M)计算结果由高至低,4个公因子中,媒体宣传与信息服务($M=3.813$)的均值最高,其次是交通与环境($M=3.801$)和活动内容与体验感($M=3.776$),费用支出的满意度最低($M=3.584$),这可直观地呈现游客对非遗旅游相关方面的满意度排名。

表 5.3 非遗旅游游客满意度因子分析表($N=152$)

满意度	因子载荷				M
	1	2	3	4	
因素1:媒体宣传与信息服务					3.813
1-1 网络信息获取的便捷性	0.61				3.783
1-2 信息推送的及时性	0.711				3.796
1-3 媒体宣传对象的精准性	0.764				3.796
1-4 媒体宣形式的多样性	0.737				3.829
1-5 媒体宣传内容的丰富性	0.565				3.862
因素2:活动内容与体验感					3.776
2-1 沉浸式体验		0.76			3.724
2-2 地域特色文化体验		0.585			3.789
2-3 知识的获得感		0.719			3.809
2-4 活动的吸引力		0.71			3.73
2-5 活动的创新度		0.746			3.743

(续表)

满意度	因子载荷				M
	1	2	3	4	
2-6 文化传承体现度		0.595			3.862
因素3:费用支出					3.584
3-1 门票等入场费			0.747		3.437
3-2 纪念品价格			0.781		3.543
3-3 活动参与费			0.775		3.662
3-4 讲解服务费			0.588		3.689
因素4:交通与环境					3.801
4-1 交通可达性				0.777	3.829
4-2 路标与指引				0.703	3.803
4-3 停车便捷性				0.682	3.743
4-4 环境卫生整洁度				0.597	3.829
特征根	9.873	2.129	1.935	0.991	
方差贡献率(%)	52.227	10.944	9.921	5.374	
累积方差解释率(%)	52.227	63.171	73.096	78.470	
Cronbach's α=0.915 KMO=0.95 df=253 Sig=0.00					

根据方差贡献率比较发现,媒体宣传与信息服务占有52.227%的贡献率,在网络信息获取的便捷性、及时性和媒体宣传对象的精准性、形式的多样性上具有较大的因子荷载,说明媒体宣传和信息服务是影响游客非遗旅游满意度的关键因子,其中,游客满意度最高的是媒体宣传内容的丰富性($M=3.862$)。第二公因子是活动内容与体验感,说明旅游在参与非遗旅游中对沉浸式体验、探索地域文化和感受文化创新、传承等方面具有较强烈的需求,其中,游客对活动内容所展现的文化传承的满意度评价最高($M=3.862$),对沉浸式体验的满意度最低($M=3.724$)。非遗旅游过程中的经费支出是衡量游客满意度的重要指标之一,费用支出中显示门票、纪念品、活动参与费和讲解服务对满意

度有较大的影响。其中,对讲解服务的设定满意度较高($M=3.689$),对门票等入场费定价满意度较低($M=3.437$),反映了当前非遗旅游活动中相关价格的设置不符合游客的预期,需要进行有效的调整。第四公因子为交通与环境,它包括交通可达性、停车便利性两个交通指标和路标与指引、环境卫生整洁度这两个整体环境指标,数据显示,交通的可达性和清晰的地理标识、位置指引对游客满意度具有较大的影响,其中,对交通的可达性满意度最高($M=3.829$),在停车方面满意度是最低的($M=3.743$)。

3. 社会人口学特征对非遗旅游满意度的影响分析

游客满意度与社会人口统计学特征群体间的关系是本研究的重要目的之一。利用独立样本 T 检验和 ANOVA 单因素方差分析检验受访者性别、年龄、来源地、同行人员、行程目的、文化程度、月收入与旅游满意度之间是否存在统计学意义上的显著差异。以显著性差异 P 值<0.05 为条件,发现不同人口统计特征的游客对非物质文化遗产旅游体验的满意度存在显著的差异(表 5.4)。

表 5.4 评价因子在不同人口统计学特征群体间的差异分析

项目	类别	信息获得与媒体宣传	活动参与及文化活动	费用支出	交通与环境	M 均值
性别	男	3.761	3.746	3.507	3.896	3.73
	女	3.8	3.702	3.381	3.776	3.66
性别	T 值	0.283	0.461	0.838	0.509	
	P 值	0.932	0.76	0.403	0.016**	
年龄	18 岁及以下	3.647	3.588	3.294	3.588	3.53
	19~28 岁	3.778	3.823	3.419	3.778	3.70
	29~55 岁	3.847	3.847	3.593	3.915	3.80
	56 岁以上	3.692	3.615	3	4	3.58
	F 值	2.054	1.432	3.615	3.029	
	P 值	0.109	0.236	0.006***	0.031**	

(续表)

项目	类别	信息获得与媒体宣传	活动参与及文化活动	费用支出	交通与环境	M 均值
来源地	本市	3.754	3.643	3.732	3.895	3.76
	本省	3.794	3.471	3.853	4.029	3.79
	外省	3.784	3.275	3.706	3.706	3.62
	其他	3.75	3	3.187	3.5	3.36
	F 值	0.704	2.802	1.919	3.958	
	P 值	0.59	0.028**	0.11	0.004***	
主要同行人员	朋友	3.435	3.304	2.652	3.522	3.23
	子女	4	3.792	3.625	4	3.85
	父母	3.774	3.839	3.5	3.823	3.73
	独自	4	3.88	3.8	4	3.92
	其他	3.75	3.773	3.5	3.708	3.68
	F 值	2.057	0.891	2.546	2.588	
	P 值	0.062*	0.503	0.023**	0.051	
此行的主要目的	文化体验	3.6	3.333	3	3.733	3.42
	参与活动	3.806	3.837	3.489	3.892	3.76
	知识学习	4	3.75	3.5	3.833	3.77
	游玩休闲	3.667	4	3.667	3.833	3.79
此行的主要目的	刚巧经过	3.625	3.312	3.312	3.562	3.45
	F 值	2.31	0.528	0.846	0.95	
	P 值	0.037**	0.786	0.536	0.462	
教育程度	高中及以下	3.5	3.214	3.71	3.643	3.52
	专科	3.763	3.432	3.595	3.789	3.64
	本科	3.887	3.535	3.831	3.944	3.80
	硕士	4	3.6	3.6	4	3.80
	F 值	1.631	2.348	1.146	1.538	
	P 值	0.155	0.044**	0.339	0.182	

(续表)

项目	类别	信息获得与媒体宣传	活动参与及文化活动	费用支出	交通与环境	M 均值
平均月收入	3 000 元及以下	3.69	3.75	3.25	3.724	3.60
	3 000—5 000 元	3.756	3.911	3.578	3.889	3.78
	5 000—8 000 元	3.927	3.709	3.589	3.873	3.75
	8 000 元以上	3.6	3.3	3.6	3.75	3.46
	F 值	2.707	1.194	2.505	1.416	
	P 值	0.016**	0.313	0.025**	0.212	

t 检验的结果显示，在性别方面，男性（$M=3.73$）游客对非遗旅游的评价均值高于女性（$M=3.66$），特别是在交通与环境（$p=0.016^{**}$）因子上，男女游客存在显著性差异。究其原因可以发现，男性游客对于交通的可达性、停车的便捷度更在乎，这与男性在参与非遗旅游活动中承担更多开车、停车等交通任务角色有关。同时，在今后的非遗旅游市场开发当中，要更注重女性旅游市场的开发，提高其体验满意度。

通过 ANOVA 分析发现，在年龄变量中，费用支出因子（$p=0.006^{***}$）、交通与环境因子（$p=0.031^{**}$）存在显著性差异。在费用支出因子方面，呈现"两头低、中间高"的满意度均值分布。56 岁以上的游客对非遗旅游活动中涉及费用支出的内容、定价等满意度最低（$M=3$）。29—55 岁的游客满意度最高，$M=3.593$，随着年龄的下降，M 逐步降低。这主要是由于 29—55 岁的游客是家庭经济的主要收入群体，他们对在非遗旅游过程中的经济支出的预算较为宽裕。对交通与环境的满意度，呈现出随着年龄的增加，均值逐渐升高，到了 56 岁以上这一年龄段，均值最高，$M=4$。

在教育程度变量中，活动内容和体验（$p=0.044^{**}$）存在显著差异。具有研究生学历的游客对非遗活动中满意度高于具有本科学历和专科学历的人。可能是由于教育程度不同导致对事物的价值认知存在差异。本科及以下学历的人，由于其学历及知识有限，对非遗旅游的文化内涵的认知受到一定的限制，因此，他们对活动的满意度低于具有更高学历的人群。

在来源地变量中,活动内容与体验($p=0.028$)和交通与环境($P=0.004$)存在显著性差异。其中,本市游客对活动参与及文化活动因子的认同高于本省其他城市游客和外省的游客。这主要是由于本市游客对本土地方文化较为熟悉,参与度和认同度较高,而其他城市或省份游客的文化风俗与本市存在一定的差异。另外,在交通与环境因子上的满意度也呈现本地高于本省高于外省的状况,本地居民可以借助较为方便的公共交通系统参与到非遗与旅游活动中的可能性更大,满意度较高,越是远的地方交通可达性、便捷性等方面的满意度就越低。

在月收入变量中,媒体宣传与信息服务因子($p=0.016$)和费用支出因子($P=0.025$)存在显著的差异,其中,从3 000元及以下人群到8 000元的人群,该因子满意度呈现逐步上升趋势,8 000元以上反而下降。分析原因可知,高收入群体对非遗旅游的信息化要求和数字化要求比较高,因此,他们对当前市场所能提供的信息化与媒体宣传的满意度要低于其他收入群体。在费用支出方面,收入与非遗旅游消费的满意度存在显著的正相关关系,随着收入的增加,满意度也呈现逐步递增的趋势。

在主要同行人员变量中,费用支出($P=0.023$)因子存在显著性差异。其中,独自出行的人员对费用支出和交通环境的满意度是最高的,其次是跟子女出行的人群,与朋友一起出行的人员在费用支出、交通环境两个方面的满意度都是最低的,分析推测这可能与非遗旅游过程中对文化的不同认知有关。个人出行可以根据个人的兴趣爱好选择感兴趣的非遗活动,自由自主安排旅游项目,与子女出行也类似,费用基本上是父母承担,不存在价值或者意见的分歧,但是与朋友出行可能会存在对非遗不同的价值认同,从而导致共同参与的非遗旅游活动中对同类费用支付的不满意度。

在此行主要目的的变量中,媒体宣传和信息服务因子($p=0.037$)存在显著差异,满意度最高的是以知识学习为目的的人群($M=4$),满意度最低的是以文化体验为目的的人群($M=3.6$),这说明在信息与媒体传播方面,更多的是知识性的、客观的文字介绍,缺少文化体验、游玩活动等相关动态信息的传达与提醒,让以游玩、体验、参与主要目的地旅游的满意度相对较低。

4. 游客对非遗旅游满意度的评价因子与整体满意度之间相互关系检定

为检定满意度评价因子与游客总体满意度之间的关系,将因子分析提取出的四个公因子作为测量旅游满意度的指标,将四个公因子作为自变量,将游客的整体满意度作为因变量进行一般线性多重回归分析(最小二乘法),研究结果发现回归方程的显著性较高(见表5.5)。分析表5.5可以发现,媒体宣传与信息服务因子($p=0.000$)、活动内容与体验因子($p=0.005$)、费用支出因子($p=0.000$)、交通与环境因子($p=0.000$)均对整体满意度产生显著性影响。在R^2为0.252的条件下,以上四个公因子所得出的非遗旅游满意度与总体满意度比较接近,说明这四个评价因子是参与满意度测评的重要指示器。根据Beta值,这四个公因子与整体满意度的相关系数从高到底分别是:活动内容与体验因子0.406、交通与环境因子0.329、费用支出因子0.137、媒体宣传与信息服务因子0.112。这一结果说明,我国非物质文化遗产旅游产品的开发首先要注重活动设计、互动文化体验和收获感。非遗旅游活动的参与感决定了非物质文化旅游产品吸引力的大小,从而直接影响游客的满意度。另外,交通与环境因子对游客满意度也有重大影响。中国在发展对外旅游、宣传我国非物质文化旅游产品的时候,要更加注重周边交通基础设施的优化和提升,为游客前来参加非遗活动提供便利的交通接驳、多样化的交通线路。同时,在非遗活动的费用与定价方面,要符合大众的消费习惯。在今后的非物质文化旅游产品开发过程中,要注重非遗旅游的传播方式和传播内容的规划,提升宣传效果,让更多游客获得有效的信息,并吸引其前来。

表5.5 游客对非遗旅游满意度的评价因子与整体满意度的回归分析

因子	标准误	Beta	P	调整R^2	T	F
媒体宣传与信息服务	0.372	0.112	3.795	0.000***		
活动内容与体验	0.388	0.406	2.867	0.005***	0.252	10.504
费用支出	0.347	0.137	4.91	0.000***		
交通与环境	0.37	0.329	3.901	0.000***		

四、调研小结与启示

（一）调研小结

通过对152位非遗旅游景点游客的满意度调查，分析发现，游客对地方非物质文化遗产旅游体验有着较高的满意度，满意度影响因子可以归纳为活动内容与体验、交通与环境、费用支出、信息与媒体宣传这四项，其中，游客对媒体宣传与信息服务因子（$M=3.813$）的均值最高，即满意度最高；对费用支出因子的满意度最低（$M=3.584$）。经过一般线性多重回归分析，该四项因子对非遗旅游体验的整体满意度都有着显著影响，其中，活动内容与体验因子对游客整体满意度的影响权重最大。通过社会人口学特征对非遗旅游满意度的影响分析发现，在性别、年龄、教育程度、来源地、月收入、同行人员和主要旅游目的方面都有显著性的差异。与交通与环境因子相关的人口特征是：男性的满意度更高、年龄越大满意度越高、本地的满意度高于本省，本省的满意度高于外省；与费用支出因子显著相关的是年龄、月收入和主要同行人员三个人口特征，数据表明，月收入越高的游客其满意度越高。同时，29—55岁的、独自出行的人员满意度是最高的。教育程度和来源地对活动内容与体验因子上有显著的影响，整体上看，教育程度越高满意度越高，本地的游客对活动体验的满意度高于外地游客。媒体宣传与信息服务因子方面，月收入8 000元以上的群体比较在意旅游期间的新媒体服务水平，旅游目的不同对媒体与信息服务的满意度也不同，以知识活动性为主的旅游满意度比较高，以文化体验为目的的游客满意度相对较低。

尽管当前已有研究涉及游客满意度影响因素的研究，但是针对非遗主题的还不多，相关研究成果还不足以匹配非遗旅游市场快速发展的趋势。同时，在游客满意度影响因子的分析中，吃、住、行、游、购、娱是最为常见的6个基本要素，在这些基本需求之外的，如新媒体和信息服务、文化传承与创新方面的满意度的关注还不够。本章不仅探讨了非遗旅游景区游客对交通环境、费用价格等方面满意度的影响,还在新媒体与信息服务、互动式的非遗文化体验、文化创新方面对游客的满意度作用做了调查与阐释,这在一定程度上拓展了满意度影响因素研究,为满意度模型在非遗旅游领域的应用研究提供了新的视角,有助于非遗旅游的管理者从新的视角提高游客的满意度。

同时,本章还探讨了不同人口特征对满意度的影响,除了性别、年龄、教育程度、月收入等因素之外,还创新地加入了来源地、同行人员、主要旅游目的这些变量,经数据分析发现,这些变量对游客的满意度都存在显著性的影响。因为跟传统的风景式的观光旅游不同,非遗旅游的文化性、认知性更强,也决定了其潜在游客的旅游目的是更为清晰的,不仅仅是观看,更多的是知识学习、文化体验,因此,这些人口特征变量在非遗旅游的满意度因素中也起着重要作用。本研究在这方面进一步深化了非遗旅游的游客与满意度间的关系机理,丰富了满意度的潜在影响因素,是对常规影响因素的有效补充。

(二)实践启示

未来,非遗旅游景区或产品在以下几个方面要进行相应的优化与努力。首先,在非遗旅游活动内容的塑造与游客体验方面,注重营造沉浸式的文化体验氛围,让游客深度参与和感受文化传统。推出更多的互动文化体验项目,应注重提供丰富多样的体验和互动活动,如各种民俗节庆活动,不仅有观赏的舞台表演,还应该有游客可以参与的角色扮演、手工体验、打卡互动、娱乐体验等,让游客在参与中获得更多的乐趣和满足感。还可以通过增加亲子、老年人、学生等群体的特色活动,满足不同游客的需求,提高他们的满意度。

其次,基于数字技术的媒体宣传与信息服务是影响满意度的关键因素,可以充分利用社交媒体和新媒体平台,增加非遗旅游的宣传力度。通过微电影、短视频、直播等宣传材料,提高游客对非遗旅游的知晓度和吸引力。同时,针对不同的游客来源地,制定有针对性的宣传策略,吸引更多的游客前来参与非遗旅游。制定地方非遗旅游市场营销组合,充分利用各种最新文化要素,确保宣传内容有文化特色,能够吸引游客的兴趣,以提升游客对宣传的感知和满意度。

第三，在交通与环境方面，加强周边交通配套设施的建设和环境管理工作。非遗旅游的可持续性发展，还需要进一步完善交通网络基础设施建设，使机场、火车站到市区、市区到郊区、不同县市之间的交通网络通畅便捷，使游客在旅游中不至于因为交通问题而产生各种负面印象。当发生游客数量增多的情况，管理者需要考虑与周边交通的可达性、拥堵程度、停车便捷性等现实问题，积极地与当地社区、商家和其他场馆进行合作，利用周边空间，在非遗旅游活动高峰期提供交通便利，提升满意度，吸引更多因为交通不便而放弃前来参与活动的目标人群。另外，需要加强活动场地环境卫生方面的管理工作，做到场所整洁干净，避免出现活动过程中垃圾满地的现象。需要关注的是，费用和支出也是满意度的重要影响因素之一。结合年龄和月收入群体两项指标看，青年和老年群体对非遗旅游过程中产生的费用和消费支出格外敏感，所以，在门票、参与费、讲解费等方面制定有明显梯度和差异的价格优惠策略，以提升不同年龄层、不同收入群体的满意度。

（三）局限性与未来研究

本章从游客满意度出发，以数据分析游客对非遗旅游体验的评价，从而分析影响满意度的相关因素，对分析结果作出合理的解释，并提出相应的建议，希望对非遗与旅游高质量融合发展提供一定建议。但是，在研究过程中对所获取的相关数据和资料分析不够细致深入，还存在许多有待改进和完善之处，例如，样本量(152人)较少，研究数据和结论的代表性比较有限，在调研地点上仅选取了某一个城市的3个非遗旅游景点，在空间范围上也存在局限性。

在调研问题项的设计上，参考了之前学者的内容，并没有将餐饮服务、住宿服务等方面作为重点问题进行考虑，主要是这些因素大都已经做过相关的调研，而且得出了较为明确的结论，从创新的角度考虑，便没有多加关注。同时，非遗旅游不同于传统风景类旅游，更多的是非遗文化本身的吸引力，例如，无锡惠山古镇的惠山泥人作为国家级的非遗项目，其慕名而来的游客较多，因此游客在对非遗的文化认知上是有一定基础的，会自带预期，不管预期的高与低都将会影响满意度。今后将会持续关注非遗旅游领域的游客满意度相关信息，对文中所提出的分析结论和建议进行深入研究论证，不断地补充和完善。

今后，游客的总体满意度将越来越受到非遗旅游景区的服务质量和非遗旅游产品的价值体验的影响，尤其是随着全球数字化进程的加速，非遗旅游数字互动、沉浸式体验设计与新媒体的融入，影响游客满意度的因素也会在一个动态平衡、相互关联的作用中不断变化，非遗旅游景区或产品要根据变化情况灵活调整，以提高游客满意度，进一步推动非遗旅游市场的良性持续发展。

第六章 非物质文化遗产旅游融合发展的新理念

一、基于游客体验的发展理念

(一) 满足游客不同层次的体验感

旅游体验是一种以超功利性体验为主的综合性体验。在这种体验过程中,游客可以在风景观赏中获得审美愉悦,可以在与人交往中品味多彩人生,可以在积极模仿他种角色的过程中发现和发展自我,也可以在旅游消费过程中享受世俗之乐。旅游体验有不同的表现形式,在表现形态上可通过不同的层次表现出来,了解旅游体验的层次性有助于把握旅游体验的产生、发展过程及其本质。非遗旅游中旅游体验除了传统的景观欣赏之外,更希望获得文化的了解和提升。而且,游客对不同文化的需求呈现日益增加的趋势,非物质文化遗产旅游可谓是文化体验的最佳模式。尤其是民俗风情类非遗旅游体验,格外受到欢迎。非遗类民俗风情旅游体验让游客在少数民族当地浓郁的氛围中,真切地感受他们的文化,体验他们生活的每一个细节,了解他们对于自然和生活的不同看法,满足游客探索、放松和娱乐的需求。旅游经营者在提供民族风情旅游体验的同时,必须处理好舞台表演与真实性之间的关系,让游客体验到原汁原味的民族风情。因此,游客能否获得高层次的体验感是非物质文化遗产旅游开发质量高低的重要评价标准。

（二）提高游客的参与度与满意度

非物质文化遗产的发展不仅是政府的事，也是个人和社会的事，需要民众能自觉、自愿、积极地参与。近几年，游客参与的角色往往被忽视，在非遗旅游市场的开发过程中，要坚持从以人为本的角度出发，激发起游客的文化自觉和主人翁意识，最大程度地调动起老百姓的积极性，加强与大众的沟通，充分吸纳民众的智慧，将外来的保护期望转化成文化承载者内在的驱动力。游客满意度也很重要，满意度是旅游资源生存和发展的首要前提。前文已经论证过游客满意度的影响因素，包括新媒体宣传、交通、环境与旅游价格之间的一些显著关系，非遗旅游发展要从各个要素方面提升品质和服务，满足游客从旅游目的地中获得身心的愉悦体验和社交情感的互动需求，从而提升游客的满意度、幸福感。尤其需要考虑游客的个性和情感需求，一方面，游客来自不同的地区，有着不同的生活方式和文化信仰，个性需求也不同。根据这些旅游需求，旅游目的地需要关注游客的不同特征，满足游客的独特需求，并制定不同需求水平的非遗旅游产品。另一方面，需要注意游客的情感需求。从旅游体验的角度来看，它为游客创造了乐趣，满足了游客的情感需求，并在许多地方释放了游客的紧张感和兴奋感。在旅行的体验过程中，无论是游客的个性还是情感需求，它都是一种不断变化的心理诉求和个性化表达。由于每个游客的生活经历和成长环境都不同，即使在同一旅游地点，感受也会有所不同，因此是独特而无与伦比的，这些对非遗旅游业的发展有着积极影响。

（三）寻找游客与地方文化良好互动的渠道

游客是非物质文化遗产旅游目的地发展的见证者，应积极关注游客，分析游客的思维方式和心理需求，积极考虑游客的意见和建议，通过交流使游客与旅游地之间更加友好，及时关注并排解游客的负面情绪，增强游客的归属感和身份认同，让他们积极传播当地的非物质文化遗产，避免因旅游行为中的外在因素而影响了对非物质文化遗产本身的认识。

为提高对非物质文化遗产旅游的认同，要让游客对地方文化产生认同感，并融入地方文化。反之,游客因文化的不认同而导致的不满意言行会给当地居民的生活带来不良影响,并引起游客与本地文化拥护群体间的冲突。比如,在游客的旅途中,旅行社或旅游组织者可以引导游客事先针对非物质文化遗产建立必要的知识储备,在旅行手册上创建一些旅行指南以供导游通过适当的指导,游客可以自觉了解、遵守旅游景区的某些规定,减少不文明行为的发生,如乱丢垃圾、制造噪音等。当地旅游部门可以定期进行文化宣传活动,引导游客尊重、保护、传播地方文化,比如宣传非物质文化遗产的重要价值,使他们能够自觉认同甚至发展继承这些区域文化,为非物质文化遗产的旅游开发提供更好的空间和环境,提升非物质文化遗产的魅力。

二、深度休闲与非遗传承

加拿大社会学家斯特宾斯(Stebbins)根据人们参与休闲活动的投入程度,将休闲分为随兴休闲(Casual Leisure)、深度休闲(Serious Leisure)和项目休闲(Project Based Leisure),并于2007年在《深度休闲:我们时代的观点》一书中正式提出。该观点一经提出,便受到了社会学、心理学、地理学等诸多学科的广泛关注。其中,深度休闲是指个人处于自愿并有系统、有计划地从事业余、嗜好和志愿工作的休闲活动,同时以专注、坚持、努力不懈的态度,追求休闲活动的意义,藉此获得特殊的知识、技巧和经验,进而发展自己的生涯。因此,相对于随兴休闲,深度休闲能促使个体得到生理及心理的持久性效益[1]。该理论还界定了仅在深度休闲活动中完全或高度表现的六个特质:坚持不懈、休闲生涯、个人努力、次文化、独特的精神气质和强烈的认同感。斯特宾斯指出了深度休闲提供的10种持续的获益:自我充实、自我表现、自我实现、自我满足、个人重建、金钱回馈、社会吸引、提升个人形象、团体成就和团体发展及

---

[1] Stebbins, R. A. The costs and benefits of hedonism: Some consequences of taking casual leisure seriously[J]. Leisure Studies, 2001(20), 4, 305-309.

维持。

根据深度休闲的六大特质，国外有关深度休闲的文献研究中提到的易被人们发展为深度休闲对象的活动类型主要有越野驾驶、轮滑、垂钓、徒步、戏剧、食品鉴赏等业余爱好。既然如此多的业余爱好或者体育运动都可以作为休闲对象，那么，把非遗项目推广为人们乐意接受的业余爱好进而转化为深度休闲的对象也是值得探讨的。

非遗的传承与发展要见人、见物、见生活，其中，人是核心要素。在当下的非遗"活化"或者"活态"的研究中，关于非遗的传承与文化传播的研究似乎只关注直接徒弟式的传承人，而忽略了围绕在核心技能团队周边的广大爱好者群体的研究。因此，在缺少市场需求、缺少赖以存在的社会因素背景下，如何回归生活、融入日常成为一个关键命题。其中，非物质文化遗产从生存生活经验、技能转化为休闲业余体验、深度休闲活动是非遗在新经济时代"活态"传承与发展过程中值得深入思考的方式。

诸多非遗本身就曾是民众赖以生存的生活技能、行业瑰宝。作为传统优秀文化的代表，非遗展现了当地居民生产生活的原貌，是当地居民精神世界的体现，其发展方向不是唯一的，很多人希望非遗成为旅游产品，这样有利于非遗"走出去"，让更多的人知道非遗的现状进而进行保护。非遗传承与发展最佳的方式必然不是成为旅游产品或深居馆藏，如果换一个角度，将非遗融入生活，发展成为一种大众休闲体验、业余活动或技艺特长，必将带来一个巨大的新空间。在生活中，为什么有这么多人选择摄影、帆船、绘画、舞蹈、钢琴等作为深度休闲的对象，同样是花费如此多的时间和金钱，非遗的内容如此丰富多彩，涵盖美术、技艺、手工等十多个种类几千种具体内容，是否可以探索将非遗发展成为深度休闲？

（一）深度休闲对非遗传承的意义

首先，促进非遗及传统优秀文化的认同。优秀的传统文化可以提高中华民族的凝聚力，是中华民族深刻厚重的思想渊源和取之不竭的文化源泉。优秀的传统文化包含着中华民族最深沉的精神追求，是中华民族生生不息、不断壮大的丰厚滋养。非遗能否持久地传承，取决于人们的认同感有多深刻、共鸣有多强烈。通过深度休闲体验扩大非遗的受众面，让更多的人了解非遗，了解中华优秀的传统文化，加深人们对优秀传统文化的认同和共鸣。深度休闲者在经过长期的精力投入后，会对自己所参与的非遗活动产生强烈的认同感，且乐于与他人分享其参与的深度休闲活动，与他人谈论非遗相关活动时会表达出发自内心的自豪感、获得感，这一份情感和热情会激励自己持续性地参与下去。

其次，活跃非遗次文化圈。深度休闲的参与者由于长期坚持投入某个项目，他们会产生特有的文化圈子，在这个文化圈子中参与者都会乐于分享彼此的共同态度、行为规范、道德标准、工作表现、兴趣、价值、信念及行为准则，这样就发展了独特的精神与次文化。格林（Green，2005）的研究验证了深度休闲参与者之间确实能形成具有高度认同感的次文化。大部分非遗项目都具有群体性参与的特质，在具体的群体范围中最初往往是以人际关系为纽带构成的小范围，如家族群体、师徒群体，特定群体的出现往往产生特定的文化圈。并非所有的非遗活动都适合发展成为深度休闲，例如，在众多群体性非遗活动中影响最广的民俗活动类非遗，因其参与者无论多寡都是在一个特定的时间点或时间段内围绕同一个中心文化物象，开展彼此之间密切关联而又相对独立的活动，所以，难以把民俗类的非遗活动推广为深度休闲的发展对象。相对而言，手工艺类的非遗，如无锡留青竹刻、精微绣、惠山泥人等，可以作为非遗深度休闲的首选对象。

再次，可以促进主观幸福感的获得。近年来，我国在丰富居民物质需要的同时也在关注居民幸福感的获得，国家对居民精神世界的重视不断提高。网络上经常有"你幸福吗？"之类的调查，这也反应出无论是国家层面还是居民个人层面都愈加重视个体的内心世界。深度休闲参与者对休闲活动容易产生高度的认同，将非遗作为深度休闲的对象可以通过了解优秀传统文化进而获得高质量的文化供给。深度休闲参与者在参与过程中会得到自我实现和社会认同，认同感、存在感、满足感的获得有利于获得深度幸福感。即使在面对某些挫折的时候，深度休闲参与者依然拥有不屈不挠的精神，竭尽所能地克服所有阻碍与困难，始终如一地坚持参与所选择的项目。正如北京卫视曾播出的匠心文化体验类真人秀《非凡匠心》节目里记录了锔瓷大师每天在家里阳台上的修修补补，60年的叮叮当当声是他生命中最单调也最动听的旋律，同时在参与过程中也表现出他对锔瓷技艺的强烈认同感和显著的个人努力，并从中获得幸福感和满足感。深度休闲参与者在参与休闲活动的过程中需要长时间的投入并通过个人的不懈努力加深对休闲活动的了解，使得参与者进一步认识到非遗不仅是一个国家和民族历史文化成就的重要标志，还能推动文化产业的发展，是人类共同的文化财富。

非遗的传承应该是一种"活态"传承与发展，国家确定的指导方针是"保护为主、抢救第一、合理利用、传承发展"，目前来看，将非遗项目作为深度休闲的对象进行合理地利用，使这些非物质文化遗产能够长久地留存在不断发展的当代文化当中，这成为非遗在现代社会走向生活、走向社会值得探索的"活化"发展思路。

（二）非遗深度休闲的三大维度

近两年银幕上陆续出现了一批含有传统文化元素的节目，它们以娱乐的形式对传统文化进行包装，以贴合新时代观众的审美与需求，这在一定程度上促进了传统文化的发展，拓宽了传统文化在现代社会的发展路径。非物质文化遗产保护和传承工作中的"见人、见物、见生活"，就是号召全社会共同保护非物质文化遗产，把非遗推广为深度休闲的对象的过程中也应遵循这样的原则。本节将从这三个维度进行阐释。

1. 见人——从能人到凡人

非遗的传承最重要的是要有人去传承，只有传承人的存在才能证明非遗是"活"的，才能体现非遗的生命力。在现代社会中，非遗传承面临的最大问题就是传承人的问题，但是现在部分非遗面临后继无人的尴尬局面，为改变这种发展态势，就必须要作出改变。非遗传承与发展最有效的保障就是让更多的人去认识非遗、了解非遗，让非遗真正地走出去。这就需要传承人忍痛作出改变，对"自家技艺不外传""打银传男不传女"这类落后、阻碍非遗传承与发展的潜规则作出相应的改变，让更多的人了解、学习非遗，让非遗成为全社会、全人类的共同财富，而非一家之技艺，才能壮大传承人队伍。深度休闲参与者通常需要具备专业的知识、训练、经验或技术等能力，且在某些情况下还需要这四方面兼备，因此，将非遗作为深度休闲活动的人群，也应是非遗传承人的后备力量。具体可以通过开培训班、兴趣班、研学活动的方式，或者将非遗项目与高校、社区等进行合作，促进非遗项目走入课堂、走入社区，为人们提供非遗深度休闲的机会。例如，苏州市相城区望亭镇项路村2023年青少年暑托班开设非遗文化特色课程，志愿者老师用通俗易懂的语言向大家讲解了脸谱的分类、特点、颜色以及每种颜色背后所代表的人物独一无二的性格，让孩子们对中国脸谱有了初步了解。在脸谱绘制过程中，大家充分发挥自己的想象，拿起画笔，将脸谱与自己的创意相结合，一个个鲜活的人物形象跃然纸上。在京剧表演欣赏结束后，部分孩子主动上台模仿动作，别有一番乐趣。这种非遗休闲活动以寓教于乐的方式带领孩子们追溯了中华戏曲文化的源远流长和博大精深，让他们近距离地了解京剧、体验脸谱文化、感受国粹魅力，激发他们对传统艺术的热爱，心中埋下非遗情怀的种子，进而促使他们对这一非遗从兴趣发展成特长或爱好。

2. 见物——从开物到格物

为推动非遗成为深度休闲的活动，应从两个方面入手：一是"开物"，即文化解读；二是"格物"，即真实体验，通过格物致知的方式探究非遗的精神内涵和时代意义。"开物"就是要深入地了解自己喜欢的非遗活动，通过长期的坚持以及个人的不懈努力了解非遗的文化价值、历史背景、发展历程和时代意义，对非遗进行深入的文化解读。国家层面应重视非遗的传承与发展，加大资金投入，扩展非遗的传播途径，为广大居民提供高质量的文化给养，在全社会形成自觉保护与传承非遗的氛围，促使民众形成对非遗及其周边文化的关注、认同和自觉传承。

"格物"则是要对自己喜欢的非遗项目进行真实体验，深度休闲不是停留在嘴上说喜欢就能获得的，而是要自己真实地动手体验。只有通过真实体验的方式，才能真正参与到休闲过程中，进行休闲爱好活动，养成休闲习惯，进而促进非遗项目的传承与保护。各种非遗的内在魅力，给参与者的心灵冲击也只有通过真实体验才能获得。深度休闲参与者会把参与该休闲项目当作一项需要长期坚持的事业，需要长时间的身心投入，并对此有所追求，即使没有获得酬劳，也会认真规划休闲活动并执行。2023年第十四届江苏工艺美术博览会在南京开幕,博览会涵盖了众多工艺美术类别,包括工艺雕塑、刺绣与抽纱编结、染织与织毯、艺术陶瓷、漆器、工艺家具、编织工艺、金属工艺、珠宝首饰、民间工艺品、天然植物纤维编织品、工艺礼品、文创产品等。每一类别都代表着江苏地区深厚的历史文化底蕴和精湛的工艺技术。主题非遗的博览会将传统工艺美术的精华和现代创新元素融为一体,向观众展示了江苏工艺美术的独特魅力,不仅为到访的游客提供了一场视觉盛宴,让更多的人能够了解和欣赏到江苏地区丰富多样的工艺美术品,也推动江苏省民间非遗文化爱好者的交流与合作。

3. 见生活——从庙堂到民间

2018年,时任文化和旅游部部长雒树刚在提及"生产性保护"时讲到:"非物质文化遗产活于民间,死于庙堂,一定要和群众的生产生活结合,才能有生命力。"对非遗项目最好的保护就是"用",只有把非遗项目真正地融入大众的普通生活中去,才能让非遗项目长久地"活下去"。"用"的方式有两种,一种是推向市场体现其价值,一种是作为休闲对象推向生活。把非遗文化和大众市场相结合,让非遗文化以流行消费品的形式进入寻常百姓家,肯定传统文化在大众市场的衍生价值。例如,赫哲族的鱼皮制作技艺本是赫哲族人民制作服装、装饰物及其他生活用品的一种独特技艺,但随着社会环境和生活方式的改变,鱼皮制品在现代生活中很少有用武之地,制作技艺也面临失传。为更好地保护和传承这一技艺,赫哲族人民开发出鱼皮民族服饰、鱼皮工艺品、鱼皮剪纸等新产品,把制作生活用品转向制作工业产品,通过市场让鱼皮制品找到新的种类,让鱼皮制作技艺有了新的发挥空间,保证了鱼皮制作技艺的传承。类似的例子还有徐州香包、惠山泥塑、南通蓝印花布等。它们的共同之处在于,作为"非遗",无论是大众消费的年画、风筝、剪纸、编织、绢花等,还是雕漆、云锦、玉雕、木雕、花丝镶嵌此类的高端消费品,大都是通过市场经济价值实现其文化价值的表达。

要确保非遗与群众的生产生活融为一体,不能供奉于庙堂,庙堂之中的非遗总是被束之高阁,非遗一旦脱离群众的生产生活,就像无源之水、无根之木。因此,"用"的另一种方式就是把非遗活动作为生活休闲的对象。大众在"玩"的过程中,对非遗文化的认识不断加深,对非遗休闲活动的忠诚度也会随之加深,当大众对自己喜欢的非遗项目真正开始享受的时候,就会进入深度休闲的状态。我国著名民俗学家乌丙安教授在2017"中国非遗年度人物"的舞台上分享获奖心得时说道:"希望国家十几亿人都自觉地保护非遗,这是我一生的想法。把心思都放在非遗上,是责任和义务,更是本分,我自得其乐,非常开心,这也就是长寿的本钱。"在他的概念中,非遗已经成为生活不可或缺的一部分。在非遗深度休闲爱好者的培养过程中最重要的是要热爱生活,热爱非遗,把非遗作为自己生活中重要的一部分。当前,社会各界已逐步认识到,非遗不应仅是存在于博物馆和文献记载中,更不能游离于生活之外,非遗就是生活,应该回到民间、社区,真正地融入普通老百姓的生活中,非遗活动可以让民众体验到深度的休闲状态,群众的选择才是非遗得以长久传承下去的关键。

(三)"活"在深度休闲中的非遗

非物质文化遗产保护的核心是传承文化的人,现如今传承人"断层"问题异常突出,成为扼制非遗"活态"传承的关键性因素。2017年《"十三五"规划纲要》关于《制定实施中国传统工艺振兴计划》中首次正式提出,要求设立中国非物质文化遗产传承人培训计划,希望扩大非物质文化遗产传承人队伍,调动年轻人对传统手工艺的积极性,通过多种方式对传承活动提供支持。然而,一个健康合理的非遗文化传承队伍,不仅要依靠以非遗技艺为职业的一群专业技能大师的培养,还需要一大批围绕在非遗文化周边的爱好者、嗜好者、兴趣者和探索者。这样的一批人正是非遗的深度休闲的活动主体,他们的存在对非遗的传承与发展具有重要作用,是"活态"非遗的重要载体和传播者。

随着社会发展水平的不断提高,人们追求个性和生活品质正在成为一种普遍的生活方式。"新手工艺""重拾手作传统"等名词成为社会文化生活的高频词,大众参与度也在逐步上升,融入传统非遗元素的文创产品越来越受到人们的喜爱和市场的追捧。作为深度休闲体验的非遗将成为非遗与旅游融合发展过程中另一个值得期待的融合模式。非遗深度休闲体验或将成为现代休闲生活、休闲旅游发展的新亮点和全新的体验形式。

"传承中华文化,绝不是简单复古,也不是盲目排外,而是古为今用、洋为中用,辩证取舍、推陈出新",习近平总书记在2019年文艺工作座谈会上曾指出,"以古人之规矩,开自己之生面,实现中华文化的创造性转化和创新性发展。"推动非遗传承与发展的工作与尝试不仅仅靠国家去努力,还需要全社会各方面的支持去共同创造。在经济社会迅速发展的时代,非物质文化遗产作为一种不可再生资源其保护工作也面临非常严峻的境况,积极配合非物质文化遗产的保护工作是大众义不容辞的神圣使命。把非遗项目变成人们闲暇时间的一个选项,不管是去看非遗的视频、观看非遗演出节目、参加非遗线上线下的学习培训、非遗居家手作、非遗书籍资料阅读、参加非遗手工制作兴趣小组、非遗兴趣协会、非遗会友等何种形式,能在人们日常生活中占有一席闲暇时光的非遗,必将是"活在"生活中的非遗,必将生生不息。如此,处于深度休闲的活动也将推动国民主观幸福感的获得,引发人们对自我表达的重视、对个人自由的推崇、对民主与参与的注重,能够进一步推动社会文明进步。

三、数字化场景与原真场景的融合

在场景理论视域下,场景是一种由消费、体验、符号、价值观与生活方式等文化意涵组成的文化空间。它是芝加哥社会学派从文化、消费、空间整合的角度来解释后工业化时期的经济社会文化现象的理论范式。场景理论包括以下四个要素:一是特定的社区范围;二是显著的实体建筑;三是特定的人群;四是特色活动,这些要素综合在一起形成了场景象征意义的表达。场景不仅蕴含了功能,也传递着文化和价值观,形成抽象的符号和信息传递给不同的人群,并在无形中影响个体的消费心理和行为。基于场景理论的视角,非遗和旅游融合便塑造了一个文化场景。在这样的场景中,物质文化和非物质文化共同营造出一种空间的符号性表达,无形中传达了一种文化价值理念,并不断激发和促进游客的体验和消费行为。因此,促进非遗和旅游融合发展的关键是促进非遗展现从博物馆化、舞台化向场景化转化升级,打造非遗文化空间,提升非遗场景体验。

场景理论代表学者、美国芝加哥大学特里·克拉克(Terry N cIark)教授将场景解构为合法性、真实性和戏剧性三个主维度。合法性指的是场景通过文化符号传达出来的某种价值理念或行为方式的合理性、合规性。非遗旅游场景的打造首先要遵循非遗所依托的原生文化的特点,并将非遗概念化为某种唯一性、特有性、原真性的文化符号和文化标志,强化其作为旅游吸引物的合法性。例如,景德镇陶瓷文化生态保护实验区的打造,其以瓷窑作坊营造技艺这一非物质文化遗产为基础,以御窑厂等国保单位为依托,保护景德镇陶瓷文化所赖以存续的自然生态环境和人文环境的整体性,不断凝练并强化景德镇"瓷都"的文化符号标志,这便是景德镇陶瓷非遗场景作为旅游吸引物和文旅体验消费发生场所的合法性来源。因此,在非遗和旅游融合发展的过程中,注重对非遗文化生态的原真性和完整性保存,强化对非遗文化符号的凝练与提升,是打造非遗旅游目的地合法性的基础。

场景的真实性在于展示真实的事物,从而使人产生身份认同感。在非遗旅游地,这种主观感受通常表现为通过凝视和体验真实的非遗旅游符号而产生的文化归属感和身份认同感。研究表明,针对某些在现代社会中被异化的情况,人们普遍渴望保留具有"真实"历史信息和原始特色的旅游符号。这些旅游符号具有价值同化的作用,可以唤醒游客对自身文化身份的认识和觉知。因此,在非遗旅游地的文化场景中,人们通过感知同质或异质的真实旅游符号来回答"真实的自我来自何处"的问题。非遗旅游地的文化体验价值通过提升游客的文化认同感得以实现和加强。以"非遗+研学""非遗+文创""非遗+演艺""非遗+节庆""非遗+民宿"为主要形式,开辟多条具有本土特色的非遗主题旅游线路,可立体化地展示和"活态"传承非遗价值和市场基因,不断增强市民和游客非遗场景化体验,这不仅能激活公众对文化遗产的民族记忆和情感共鸣,丰富旅游供给,还能扩大非遗传播"朋友圈",让非遗真正融入现代生活,成为塑造城市文化的"金名片"。结合克拉克的观点,从消费者角度审视非遗旅游的各空间场域,非遗旅游的休闲娱乐设施(如博物馆、主题馆、体验馆等)与市民、游客活动会形成不同的都市场景,这些不同场景蕴含着特定的文化价值取向、美学特征和生活方式,能够吸引不同的创意阶层群体(如文学家、艺术家、设计师等)前来进行文化消费实践,该群体的区位选择代表着城市发展转型的风向标,可加速创意人才流动,从而更新传统城市的发展模式,为城市转型培育新动力。

基于场景理论,场景的戏剧性是指一种对于故事的演绎,对于戏剧冲突的表达,是一种表现自我的方式。体验是文化旅游活动的核心内涵,营造戏剧化的场景体验,往往能够营造场景的活力,增加非遗旅游的故事性、互动性、体验性和娱乐性,实现非遗体验的场景化升级。此种逻辑在非遗旅游中体现为游客主体和非遗旅游客体之间的交融与互动,对应于"反日常体验"这一旅游研究的核心问题。游客成为主体,通过参与非遗的展示和体验,他们展现自己的兴趣、好奇心和对传统文化的尊重。非遗旅游则成为客体,它们的存在和参与使得非遗得以传承并得到更广泛的认知和关注。以南京民俗博物馆为例,该馆正着手开发整合文博场馆和旅游景点、历史文化街区等文旅资源,将非遗传承与游客旅游体验需求相结合,设计打造融合观光体验、美食品鉴、娱乐休闲为一体的非遗旅游场景并定制非遗体验。南京民俗博物馆的工作人员表示,希望以更年轻的方式、以更新颖的呈现手段让非遗与更多人,尤其是年轻人实现亲密接触。目前,很多非物质文化遗产集聚区给游客提供的沉浸式体验还不够,还要进一步来改造,要做强非遗旅游,还需最大限度地与江苏民俗风情、浓郁的水乡氛围相互融合,将非遗再现场景和当地生活相融入,给游客一种时空转换、戏剧化的场景体验,刺激文旅消费在场景中不断发生。因此,营造非遗场景的戏剧性体验是非遗旅游吸引大众参与的关键。

在非遗旅游中,游客与非遗旅游客体之间的互动是至关重要的。游客的行为和表达方式会受到特定场景的影响,而这些场景也与非遗紧密相连。通过参观传统手工艺品展示、参与非遗表演或亲身体验非遗技艺等活动,游客能够感受到非遗的独特之处,并将其融入到自己的身份认同和自我展示中。游客在旅游空间中通过身体和心理的参与,以具身方式接受信息并理解意义。他们的感官体验、情感体验以及对非遗的认同和赞美,都构成了与日常生活不同的一种愉悦、新奇而美好的感觉。因此,非遗旅游地的文化体验性价值可以通过增进游客的愉悦感来实现和提升。

非物质文化遗产承载着丰富的文化内容和深厚的文化意义。在场景理论的视角下,非遗旅游地需要通过多角度的挖掘和阐释非遗旅游地文化内涵,以打造丰富多元的场景价值取向。除了传统的、民族的特点之外,在非遗旅游地的开发中,还应该考虑到游客的多元化体验需求。这意味着非遗旅游地的发展趋势已经超越了对原真性和传统性的固守,更应该注重挖掘和创造非遗的丰富内涵,以满足游客对多样化体验的需求。因此,非遗旅游地在打造场景体验中需要在保留非遗固有价值的基础上,与时俱进地吸引游客的注意力,通过设计具有吸引力的展示场景、提供互动性强的体验项目、融入现代科技手段等,从而使非遗旅游实现文化体验性价值和文化溢出性价值的全面提升。

第七章

江苏省非物质文化遗产旅游的多维发展路径

一、健全非遗旅游管理与工作机制

(一) 培养文化共享共建价值观,增强认同感

"坚持以文塑旅、以旅彰文,推进文化和旅游深度融合发展"是党的二十大作出的重要决策部署。在此背景下,"非遗+旅游"迎来了难得的发展机遇和广阔的市场前景,各地文化和旅游部门要成立非遗与旅游深度融合发展工作推进小组,制定落实工作计划,明确各方职责,加强对非遗与旅游融合发展的工作指导和组织协调。各地相关部门要结合实际,积极创新实践,建立本地区非遗与旅游融合发展推荐目录。要清楚地认识到,非物质文化遗产旅游开发可以促进各区域之间的文化融合,充分展示人文情怀与地方软实力,并且非物质文化遗产旅游开发为经济欠发达地区的文化保护提供了一种可能性,但不是所有的非遗项目都可以与旅游活动相结合,比如具有隐秘性、神圣性的特定习俗,不可作为旅游资源进行开发利用。所以,非遗的旅游开发必须建立在文化旅游开发与文化保护的良好互动关系的基础上。

"由于文化交流和文化传播的作用,很多类型的非遗并非只为某个地区特有,此种情况下,非遗景区化开发尤其要注意与地方文化的融合与关联。不

然,容易出现主题泛化和吸引力缺失的后果。"首都师范大学资源环境与旅游学院副教授刘爱利提出,要注意非遗呈现与市场需求的无缝对接,需要前期进行充分的市场需求调研,针对不同的细分市场,开发适销对路的非遗产品。非遗的景区化融入还需要强化非遗的文化价值宣传及科普教育功能、包括传承人在内的多主体非遗传承与保护体系,并为非遗的可持续发展提供强有力的政策支持保障。政府应通过政策导向,支持各地加强非遗与旅游融合发展的理论实践研究,通过论坛、研讨、讲座等方式,及时总结交流研究成果和实践经验。一方面,采用动态方式,地方政府划拨专项用款,邀请非物质文化遗产传承人通过展演、轮演等形式充分展现其丰富的内涵;另一方面,采用静态方式,建立非物质文化遗产展览馆、博物馆,保存并展示地方文化精华,彰显文化自信,使居民与旅游者之间建立互信基础。居民与旅游者在适应当地政治制度的同时,不断参与文化碰撞,在这一双向过程中更新对于自身文化认同的界定与思考。借助新兴形式对江苏省非物质文化遗产施行保护性开发,不仅可以帮助其他利益相关者深入地学习地方文化,也可以帮助居民深度参与地方非物质文化遗产服务,丰富非物质文化遗产旅游产品精神内涵,提升旅游产品的多样性与独特性,从而增强旅游者、居民与社会公众对地方文化的认同感。

(二)坚持可持续原则,促进非遗文化传承与共享

在旅游开发过程中,对非遗资源的利用不可对遗产的存续力造成威胁,要警惕过度商业化,杜绝对遗产资源的碎片化利用、歪曲性改编,造成遗产内涵的曲解、丢失。各地文化和旅游部门要及时总结本地区非遗与旅游融合发展工作取得的成效和不足,对在旅游中不当利用非遗项目产品造成不良影响的,要向相关责任主体提出整改意见,要适时组织开展非遗与旅游融合发展的绩效评估,并发布评估报告。目前,相关部门在非遗保护单位的绩效评估和动态管理上开展了积极的核查行动。2023 年 11 月,文化和旅游部组织开展了国家级非物质文化遗产代表性项目保护单位履职尽责情况评估和调整工作。经保护单位自查、各地检查评估并征求项目传承人群意见等程序,对全国 2 981 家保护单位评估合格;1 家保护单位评估不合格,暂停其国家非物质文化遗产保护资金申报资格,限期进行整改;3 家保护单位履职尽责不力,解除其保护单位

资格,重新认定保护单位;619 家保护单位存在单位性质、机构等方面的重大变化,不具备保护单位基本条件等情况,重新认定保护单位等。实际上,非遗和旅游融合发展的管理也可借鉴此种方式,开展动态评估和管理工作,不断优化非遗旅游融合代表性目录,对优秀的项目进行大力支持与推广;对不合格的或公众满意度较低的非遗旅游融合项目,进行整改和监督,并通过制度化设定,形成 3 年、5 年一动态调整的长效机制。

在非物质文化遗产旅游中,坚持可持续发展理论指导保护和传承非遗工作,确保旅游业的长期科学发展。在实践中,非物质文化遗产旅游要平衡文化保护与经济发展。这就需要制定策略,确保游客体验真正融入当地文化,避免对文化资源的过度开发和商业化。例如,在非遗艺术品商品化的过程中,以次充好等不规范的现象一直存在。一件普通扬州漆器制作周期很长,往往要一两千元,稍微好些的要上万元,街边那些几十元价位的基本是假冒产品。扬州漆器厂已经牵头制定了行业标准,相关工作人员也在呼吁政府规范行业、维护这张城市名片。规范市场、整治乱象,保护市场的良性可持续发展,是政府的重要职责之一,要通过规范市场的旅游活动,促进活化利用,推动非遗传承和保护的目的。

可持续发展旅游业的理念是将旅游业和可持续发展理念结合在一起的新价值观。非物质文化遗产旅游开发必须有效地遵循旅游可持续发展理论,只有到那时,旅游业中的非物质文化遗产才能实现向前发展,让子孙后代享受文明发展的切实成果。在健全完善非遗保护传承体系方面也是如此,要持续开展国家级、省级、市级非遗代表性传承人认定工作,稳步提升非遗保护传承水平,实施非遗传承人研修培训计划,以应对非遗传承的持续性和人才梯队建设方面的问题。

(三) 完善利益表达与监管机制,共促协商多赢局面

各地文化和旅游部门要充分认识非遗与旅游深度融合发展的重要意义,统筹各方力量,鼓励非遗、旅游相关行业协会等社会力量参与,出台扶持非遗与旅游深度融合发展的配套政策措施,形成融合发展合力。要切实保护非遗传承人及相关社区的知识与技能不被盗用,防止因经济利益等原因对非遗传

承秩序的人为破坏,保障非遗传承人、技艺持有者、手艺人、表演者及相关社区从旅游开发活动中切实受益。如果违背了这些原则,也就违背了非遗与旅游融合促进遗产保护的初衷。利益表达行为是利益主体表达自身合理利益诉求并希望其诉求得到实现的过程,通常分为制度化与非制度化两类。制度化利益表达行为包括上访、选举、调解会及听证会等正式沟通形式,地方政府与旅游企业的利益代表具有较强的独立性与合法性,然而,非物质文化遗产传承人、旅游者等不易形成固定且正式的利益代表,存在利益诉求表达内容不完整、表达方式方法不规范、正当利益诉求未能及时得到满足等问题,此时,他们倾向于作出非制度化的利益表达行为,易激化多方矛盾。因此,在文化旅游合作建设的全过程中,为满足核心利益相关者的合理利益诉求,地方政府应搭建利益沟通平台,构建和完善利益表达与利益监管机制。

首先,提升利益表达意识,重视法律普及教育,重点向非物质文化遗产传承人、旅游者等普及相关法律知识,提升其法律意识及维权意识。

其次,完善非政府组织对话协商制度,通过开辟非正式沟通拉近利益相关者之间的距离,减弱隔阂感与排斥感,缓和利益主体之间的矛盾冲突,促进文化旅游合作和谐发展。可以通过创建经济赋权机制,提升积极性。非物质文化旅游开发是服务经济的一种体现形式,应赋予核心利益主体一定程度的经济权力,以保障其参与权和话语权,提升其主动性与积极性,深入挖掘自身潜能,激发创造力。一方面,作为代表文化价值的利益主体,居民、非物质文化遗产传承人在市场经济浪潮中处于弱势地位,经济收益来源单一,因此,应当侧重对其进行适当经济赋权,例如,参与博物馆门票分成,开设非物质文化遗产兴趣班、传习班、知识普及班,有利于非物质文化遗产的保护与传承,更有利于旅游融合事业的健康可持续发展;另一方面,非物质文化遗产在展示活动中所获取的合理报酬归上述利益相关者所有,报酬标准须经政府部门统一规定,地方政府另行给予一定比例的资助,以完善文化遗产保护传承基础设施,提升弱势群体物质与精神生活水平;此外旅游生态补偿制度以经济手段协调旅游企业及其他利益者之间的关系,在有效保护民族地区自然生态环境的同时,实现地区旅游业可持续发展。在建设非物质文化遗产旅游融合项目时,对于因开发导致的自然、人文环境污染与毁坏,应当由旅游企业或地方政府对弱势利益主体进行一定的经济补偿。

再次,维护非物质文化遗产传承人、旅游者等的独立性与合法性,建立多维立体表达体系,拓宽利益表达渠道,保护各方正当权益。例如,开辟常规化正式沟通渠道,多元化正式沟通方式有助于发挥核心利益相关者之间的监督管理作用,形成合法、规范的文件以保障利益沟通成果,保障利益表达的一致性与连贯性。此外,互联网、大数据等技术为提高政府管理水平提供了有力支撑,特别是为旅游开发的实时监测提供了数据与信息支持。在文化旅游合作中,由于非物质文化遗产传承人、旅游者等缺乏智力支持,难以甄别旅游信息,造成利益损失,因此,地方政府应完善信息共享机制,加强收集与公布文化旅游产品服务信息,搭建信息共享平台,提高信息透明度,消除旅游市场信息不对称现象。

总之,在非遗与旅游融合发展中,由于受到政治、经济、文化与社会环境等不同因素的影响,江苏省各地方政府、旅游企业、非物质文化遗产传承人、居民、文化旅游从业人员和旅游者六类核心利益相关者的主要利益诉求存在差异。由于核心利益相关者天然地存在自利倾向,缺少合理利益协调机制,协作与冲突并存,对非遗旅游开发产生了不同影响。因此,为实现非遗旅游开发可持续发展,应采取有效的经济、政治与文化对策,协调核心利益相关者之间的关系,促使多方达到利益共赢平衡点,共同为非遗旅游融合发展事业提供动力与支持,促进文化旅游合作所在地的经济效益、文化效益和环境效益共生,实现文化旅游融合可持续发展。

二、培育非遗旅游消费新产品与新业态

(一)推动非遗数字化文创可持续发展

新时期非遗文化可持续发展需要促进数字技术与非遗传承实践的结合,创造性地探索非遗保护传承与开发。要积极鼓励利用科技手段,开发设计互

动性强、体验感好的非遗旅游产品，丰富延展旅游业态，满足游客多样性需求。数字技术的互动性、自主性、传播迅速和大容量等特征，使其超越了传统非遗旅游的局限性，打破了时间与空间的限制，弥补了传统非遗旅游的不足，给非遗的保护与传承带来新的契机。因此，要鼓励旅游演艺创作应用非遗素材，打造旅游文化IP，支持制作相关非遗导游词、宣传册、宣传视频等，提升旅游目的地吸引力，激发旅游消费活力，推动非遗数字化文创可持续发展。通过先进智能科技，如VR、AR等手段，实现场景体验的虚实结合，游线体验的故事线索贯穿，其典型代表是各种4D博物馆展示区；通过旅游营销和网红经济的手段，将非遗的核心内涵进行创新诠释，面向"90后""00后"消费者的需求，创新营销宣传方式，更新传统非遗的内涵，要通过演员无边界演绎、游客换装等方式，创新氛围感受，实现非物质文化遗产的活化与身临其境。

普惠非遗数字化文创供给，创意呈现多元文创产品。充分利用江苏省文化信息资源工程、游戏全产业链、影视动漫产业集群、数字会展平台等优势资源，打造"全息秀""数字人""元宇宙"等特色文创，细分产品布局，呈现沉浸式、互动感、场景化等多元主题产品，赓续非遗文脉。但是，必须清晰地认识到数字技术是工具和手段，而非目的或主体，不可喧宾夺主，在非物质文化遗产的旅游开发和新媒体传播中要进行利弊权衡。例如，在各类短视频、直播等新媒体的语境下，要注意避免把文化保护完全交付给一种技术，以至于造成多样性的文化实体趋向扁平化与数据化，失去文化的丰富性，规避由单一数字技术强大的影响力、传播力所产生的一些消极影响。那些不具传播强势的弱势文化遭到通过传媒手段渐趋强大起来而形成的"文化单极化"的侵占，会形成在更大范围之内削弱弱势文化的生存空间。应重视非物质文化遗产本身蕴含的内存精神向度和存在方式，否则，将人为地斩断遗产传承的形式与文化内容衔接，导致系媒体视野中呈现的非遗成为制作零散与意义断裂的文化碎片。

（二）打造非遗旅游新IP

北京交通大学经济管理学院旅游系主任、副教授王学峰表示，让非遗在新时代更好地回归生活，需要在创造性转化之后进行创新性发展，在保护、展现非遗的基础上，有机地融入新的文化印记，从优化旅游服务和旅游管理的"表"

中,深入探索感受文化本源,引导文化认同,树立文化自信等方面的"里"。这不是单纯地在旅游景区(点)、节庆活动中增加非遗项目展演,也不是简单地在旅游纪念品与文创产品研发和销售中增加非遗元素,而是要深度挖掘各类旅游休闲空间的非遗资源,充分发挥非遗作为独特旅游吸引物的功能,通过非遗与其他产业的融合催生新的旅游业态和体验项目。另外,通过配套旅游接待功能、增加旅游服务等,将非遗的资源形态转化为游客可感受、可体验的旅游产品,并不断创造和拓宽新的消费场景,要减少简单的符号化文化消费,更多地向市场传递文化符号背后的意义。

通过非遗与文创、演艺、体育等融合,是催生非遗旅游新业态和新产品的一种有效路径。一方面,可以探索康养体验与非遗新旅游产业。将阳湖拳、太极拳、掼石锁、建湖杂技等传统体育、游艺与杂技纳入旅游体验。鼓励各地依托中医药、茶文化等非遗项目发展养生体验游、疗养康复游、科普教育游等项目,打造滨海、湿地、森林、乡村等"养心润肺"旅游产品,提升传统中医药养生新业态。支持建设一批具有代表性的生态旅游目的地和国家级、省级生态旅游示范区。另一方面,建设非物质文化遗产特色景区,打造彰显具有中国文化特色、讲中国故事的非遗主题乐园。通过区域保护协同机制,将具有共同主题、文化符号或地区特征的系列非遗集聚在主题乐园,通过提炼非遗的文化内涵,活化展现形式,塑造独特的非遗品牌和 IP 形象,将非遗主题乐园打造为本区域的精神标识和文化坐标。同时,非遗主题乐园要注重创新业态。充分挖掘非遗作为独特旅游吸引物的功能,形成融参观、传承、体验、教育等功能于一体的非遗产品体系。非遗与旅游融合要加强科技赋能,国研智库旅游研究院院长魏云表示:"非遗主题乐园更要借鉴国内外主题乐园的科技手段,为非遗打造符合潮流的展示场景、体验场景、消费场景。"通过文创商品、旅游伴手礼等延伸和延展产业链条,增加新的消费点,实现增收。包括积极开发非遗文创产品,丰富旅游商品内涵。举办江苏省旅游文创商品大赛,遴选公布一批优质非遗旅游商品、纪念品。支持培育建设紫砂、刺绣、水晶等文化创意产业园以及传统工艺与旅游融合发展的集散地。

(三)大力推动研学旅行产业的发展

《文化和旅游部关于推动非物质文化遗产与旅游深度融合发展的通知》指

出,"十四五"期间,文化和旅游部将遴选特色鲜明、服务成效显著、群众广泛认可的非物质文化遗产设施场所和提供非物质文化遗产体验、研学等服务的旅游相关场所,设立一批国家级非物质文化遗产体验基地。第一,将非遗项目纳入研学旅行有利于传统文化的深入根植,可以培养学生对于传统文化的认知,让青少年热爱传统文化,使传统文化根植于心,对于提升文化自觉和文化自信具有重要意义。第二,在国家政策的支持下,非遗项目保护和传承取得了显著成效,探索了传承人保护体系、研培活动开展、生产性保护示范基地建设、文化产业示范基地建设等模式,但新型传承人队伍的扩大目前也存在一定的瓶颈。将非遗纳入研学旅行体系,对于保护与传承非遗具有隐性正向功能。教育部下发的《中小学综合实践活动课程指导纲要》中小学综合实践活动推荐主题汇总考察探究活动3—6年级就有我是非遗"小传人"的活动课题。第三,是文旅、教旅深度融合的重要体现。非遗项目研学旅行课程与非遗进校园、非遗进课堂有着一定的区别,并不是简单的感受与体验。非遗项目研学旅行课程有着明确的课程目标、课程内容与方式、课程组织与实施、课程评价等体系。重在通过实践、体验的方式达到综合育人的目标。非遗研学旅行课程的合理深入打造,将有利于形成科学的育人培养体系,达到文旅、教旅的深度融合。

将非遗与研学体验结合起来,不仅是一次亲身感知非遗文化的过程,而且是一段更为刻骨铭心的旅行体验。近两年,非遗主题研学旅行成为非遗传承与旅游结合紧密的新模式,让非遗走入了青少年群体的课堂与生活教育之中。非遗作为一类与传统文化弘扬、古人智慧传习、文化自信培养息息相关的教育资源,通过研学旅行将教育与娱乐、文化与旅游、观光与体验、认知与创造融于一体,引导青少年走进非遗传习环境中来,促进地方文化认同的养成及多元文化间的交流互鉴。例如,无锡惠山古镇将非遗和旅游相结合,专门打造了特色"旅游+文化"产品——惠山泥人非遗体验研学游,由传承人给孩子们详述不同泥土的特点,手把手地教授做坯、上色。这两年,无锡市中小学生泥塑大赛、惠山古镇暑期童趣节、"惠山泥人走进校园"等活动成功举办,惠山泥人研学游已成当地亲子游、对外交流、夏(冬)令营的必选项目。又如,扬州东关街道组织青少年到汪氏小苑,寻访盐韵往事,探究"藏宝洞"秘闻,穿梭于皮市街巷口。通过趣味性非遗主题闯关活动,让青少年走近扬州古城,领略非遗魅力,推动历史文化传承。扬州广陵琴派第十二代传承人唐迺扬的工作室——扬州正谊琴社,20多平方米的房间被辟为公共大课区、小课区两块,琴社门口搭有一方小舞台。在传承人看来,非遗作为地域文化往往传播范围有限,旅游则是很好的宣传方式,"源源不断地把新观众带到这里,不同的文化通过集聚区这个平台与游客接触、交融。"①

要鼓励和引导社会力量广泛参与,充分发挥社会力量的积极性和创造力,推动形成政府主导、社会参与、多元投入、协力发展的非遗保护体制机制。引导社会力量用好新兴传播方式,形成一批健康向上、生动活泼、人民群众喜闻乐见的非遗传播作品。推动非遗融入国民教育体系,支持非遗活动进校园,非遗知识进课堂、进教材,发挥非遗在青少年健康成长中的积极作用。充分发挥各级非遗代表性传承人的示范作用,发挥非遗保护先进集体先进个人的表率作用,发挥青少年的生力军作用,发挥非遗保护社会组织的积极作用,推动形成人人传承发展中华优秀传统文化的生动局面。

三、优化非遗旅游融合模式与空间载体

(一)面向生活与大众,搭建表演艺术展示平台

支持表演艺术类非遗项目搭载旅游空间和实体媒介,实现多样化融合与推广,鼓励各地建设、用好大中小型戏曲园,面向游客开展传统戏剧、传统音乐、传统舞蹈、曲艺类非遗项目展演、教学、培训等活动,传播非遗表演艺术,丰富群众的文化生活。加大对表演艺术类非遗传承人的培训力度,采取戏剧学校和院团联合培养的方式,大力开展名师带徒活动,提高非遗传承人的业务水平。支持地方戏曲项目进入旅游场所开展演出活动,扩大非遗的社会影响力。

---

① 探路"非遗+旅游"唤醒"沉睡的遗产"[EB/OL]. 中国江苏网,2021-02-22 06:37. https://baijiahao.baidu.com/s?id=1692347130528951794&wfr=spider&for=pc.

支持将表扬艺术类非遗项目与乡村旅游、红色旅游、体育旅游等结合,举办各类非遗宣传展销活动。同时,鼓励将表演艺术及相关元素有机地融入机场、高铁站、高速公路服务区、游客服务中心等设施建设和配套服务。鼓励旅游民宿与非遗资源有效对接,建设一批展现中华优秀传统文化魅力的非遗旅游民宿。

展示与体验模式结合,推动传统工艺非遗与旅游向深处发展。加强对传统工艺生产企业的扶持和引导,以老字号、名小吃为重点,推广具有地方特色的饮食类非遗,通过举办"非遗美食节"等活动,让游客体验当地居民的生活方式,体会中华民族顺应时节、尊重自然、利用自然的思想理念和独特智慧。

参与体验非物质文化遗产是游客深度认知、学习非物质文化遗产的有效途径,也能促进非物质文化遗产传承传播。马蜂窝通过对年轻旅行者旅游消费大数据的洞察发现,越来越多的年轻人开始追求在旅行中的参与感与体验感,对于非遗,年轻人更希望能亲身参与其中,用双手去感知历史文化。马蜂窝旅游研究院负责人冯饶认为,拥有非遗资源的旅游目的地或景区,不妨考虑从提供沉浸式体验入手,让非遗走出以往的单纯展示,通过游客的深度参与和互动,成为旅行中"活"的一部分。因此,要推动地方民俗文化与传统节日有机结合,挖掘民间文学的文化内涵、时代价值、社会功用,创新表达方式,更好地展示地方的历史文化。依托省级非遗研究基地,围绕白蛇传、梁祝、董永等具有地方特色的传统故事,加强民间文学的研究、提炼与再创作,为传统戏剧、曲艺、传统音乐和传统舞蹈提供创作素材。发挥传统民俗行业协会、研究学会等社会组织机构的力量,与专业的文旅活动策划、管理、运营企业开展深度合作,持续不断地推出高质量、游客满意度高的非遗节庆旅游活动。拓展民间文学口头讲述和现代演绎方式,鼓励各地将"少儿说非遗""民间文学故事大赛"融入非遗体验游、非遗研学游等活动。支持各地在景区、景点举办节庆赛事活动,依托民俗类特色非遗项目,让游客体验当地的风土人情,提升对中华优秀传统文化的认同感。

(二) 重点深化点、线、面联动开发

面对小而散的非遗项目,依托非遗诞生发展的起源地进行整体化、在地化、活态化保护开发,既是保持非遗"源头活水"的关键所在,也是对非遗活化

利用的最佳路径。很多非遗项目的确兼具文化和旅游融合发展的潜力,但非遗旅游开发并不容易。江苏省现有国家全域旅游示范区8家、5A级旅游景区25家、国家级旅游度假区7家、全国乡村旅游重点村镇50个,数量均位居全国前列。这些都是非遗和旅游融合发展的重要载体,需要加大宣传力度,支持省级非遗创意基地、非遗旅游体验基地与旅游景区加强合作交流,联合创新设计现代非遗主题展会,推动非遗联动发展。例如,扬州市有非遗200多种,省内位居第二,但人气不能与位次匹配。"文化往往是厚重的,还需以旅游让文化变得轻盈可感。"马娟认为,集聚可将不同非遗文化打包整合,以平台化的运作在各层面进行整体宣发,也便于在周边配套酒店、餐饮场所等,集约各种要素,更好地服务游客。因此,当地政府决定以国企扬州工艺坊经营管理有限公司为运营方,打造扬州486非遗集聚区。目前,集聚区已常规化地围绕几大板块开展旅游体验,如承办各项重大文化交流活动,开展非遗公益讲座、文化课堂,以及活态展演与静态展会结合开发高质量的非遗旅游资源。

在政府政策的推动下,非物质文化遗产旅游活动借助社区空间开展,是对旅游化视角下生存生产方式的创新探索。可以采用"动态+境界"相结合的融合发展实践模式。坚持用文化的理念发展旅游,用旅游的载体传播文化,引导各地把非遗嵌入各类景区景点,创新非遗旅游融合应用场景,规划建设非遗小剧场,推动锡剧、淮剧、琴书、白局等特色演出进入旅游空间,推出独具风情的非遗旅游线路产品,提升旅游的品质和人文韵味。5A级旅游景区南京夫子庙、泰州溱湖的秦淮灯会、溱潼会船先后入选全国非遗与旅游融合优秀案例,徐州贾汪马庄村、扬州东关街、上演昆曲《浮生六记》的苏州沧浪亭等一批非遗特色村镇、特色街区和特色景区成为旅游热门打卡地。同时,提升非遗体验场馆的设施建设水平。积极推进非遗馆建设,打造集项目展陈、数字体验、研学教育、展演传播于一体的非遗展示空间。鼓励各地依托特色非遗项目,建设古琴馆、印刷博物馆等一批非遗专题馆。

下一步要持续优化调整业态,在旅游线路上实现与景区串联,统一研发文创,强化品牌化形象包装,在旅游要素上实现游、购、娱一体化。江苏省此前发布的"水韵江苏"20条精品非遗线路就是较好的实践经验,未来可以在此基础上再完善,不断升级,设计开发2.0版本的非遗旅游精品线路。

（三）拓展融合发展的空间载体

非物质文化遗产空间是重要的旅游资源，正发展成为可体验、可购买，集艺术性与观赏性于一体的新型文化旅游目的地。现阶段我国非遗旅游空间的建设仍主要依赖政策主导、政府投入，未能形成良性增长格局。如何推动两者高质量融合并打开新的文旅增量市场，成为文旅融合的重要议题。在场空间、再现空间、再造空间的建构成为非遗旅游文化空间的一种发展方向。

建构非遗场景的生活化空间。非遗自身是一种本体的真实性，非遗旅游则是一种再现的真实性。但是，在近年来很多非遗旅游项目中，出现了虚假、扭曲、过度商业化等真实性缺失问题，其关键原因还是在于对非遗场景的真实性建构不足。反观欧洲的许多城市，街头艺人会在机场、酒吧等公共场所进行即兴表演，在菜场等生活化的场景中也时常举办小型乐队演出，这些融入真实生活空间的场景营造，让游客感受到更加真实浓郁的本土文化氛围和魅力。因而，促进非遗和旅游融合发展，其重点是利用生活化的场景来营造非遗场景的真实性空间。例如，苏州园林的昆曲表演不是在博物馆中，也不是在舞台上，而是进入真实的文化场景——苏州园林之中，再现了《牡丹亭·游园》中"不到园林，怎知春色如许"的真实场景。这种以真实空间为依托和载体进行的非遗场景建构，把非遗融入真实场景，在身临其境之中提升游客的体验感和沉浸感，使游客获得审美享受。再如，展示历史民居建筑及其生活方式的露天博物馆正在成为文旅融合的新热点。以荷兰露天博物馆为例，该博物馆占地44公顷，利用情境建构的方式将建筑物、藏品、自然环境有机地组合起来，真实地再现并还原了近代以前典型的荷兰农村和小城镇的环境风貌，展现了过去几百年间农民、渔民和手工业者的生活场景。露天博物馆正是通过真实空间的打造，依托于历史原貌的再建构和生活场景的再呈现，探索出非遗和旅游融合的新范式。

在非遗旅游空间方面，江苏省创新开展无限定空间非遗进景区活动，突破时间、空间限制，在景区内吃、住、行、游、购、娱各环节，植入形式多样的非遗展陈、展示、展演、体验活动，让游客在景区内全程感受、全程共享非遗的"活态"魅力。同时，江苏省制定了工作指南和评价指标，认定首批25个省级试点项目,这当中涵盖 5A 级旅游景区、乡村旅游重点村、旅游休闲街区、夜间文旅消费集聚区等,并从省级文化和旅游发展专项资金中拿出 500 万元进行扶持,努力打造非遗和旅游融合发展的升级版。中央电视台、人民网、学习强国等主流媒体都对此作了报道,文化和旅游部非遗司也在全国推广了这一做法。现在,非遗地图、非遗快闪、非遗店铺、非遗研学营、非遗主题餐厅等无限定空间非遗进景区特色项目日益丰富,越来越多的游客在江苏景区与非遗"不期而遇",这已成为"水韵江苏"的一道独特风景,吸引了更多人到江苏感受美的风光、美的味道、美的人文、美的生活,收获美的发现。

未来,如何推进非遗保护与利用从特定场景向全场景的无限定空间模式发展,是江苏省切实优化非遗保护与活态利用、文旅融合模式的重要命题。无限定空间非遗景区的实质是非遗与旅游全场景化发展的一种具体表现,是在保护传承非遗资源的基础上,突破时间、空间、形式的限制,其核心要义在于通过提升非遗项目融入性、增强非遗展示互动性、渲染非遗活动代入感,充分满足游客求新、求奇、求知、求乐的旅游愿望,吸引更多人到江苏感受美的风光、美的味道、美的人文、美的生活,收获美的发现。无限定空间非遗旅游的开发与发展过程,是以地方性色彩浓厚、旅游体验活态为特质的非遗旅游资源的加速流动、价值重塑。要建立正确的社会化认知,更好地将文化旅游与数字科技融合,通过新媒体平台,用数字化的方式呈现、记录,进行更广泛的传播,做年轻化的市场,与其相关的旅游消费的活力与潜力也将被不断激活。

参考文献

[1] 薛莹,刘文祥.非物质文化遗产助力乡村旅游产业发展研究[J].商展经济,2023(16):67-70.

[2] 张科,Wong Siao Fui,李益彬等.基于空间结构分布特征的非物质文化遗产旅游开发模式——以内江市为例[J].内江师范学院学报,2023,38(8):103-111.

[3] 方栋."两创"背景下潍坊市非物质文化遗产融入乡村旅游发展的理论研究及现状调研[J].河北企业,2023(8):40-42.

[4] 陆丽芳.乡村旅游文创产品设计的理论与实践——以浙江省非物质文化遗产为例[J].中国果树,2023(8):160-161.

[5] 肖丽娅.基于地域文化特色的非物质文化遗产保护与传播研究[J].大众文艺,2023(14):6-8.

[6] 裴齐容,张骁鸣.非物质文化遗产传承、传播及其与地方关系的重构[J].文化遗产,2023(4):31-39.

[7] 曹盼宫,杨雯.基于非物质文化遗产保护的工业遗产改造设计研究——以龙泉青瓷旧址改造设计为例[J].工业设计,2023(7):124-127.

[8] 鄢继尧,赵媛,郭宇等.中国非物质文化遗产空间分异及与旅游融合发展研究[J].地理与地理信息科学,2023,39(4):86-95.

[9] 何瑛,侯凯翔.非物质文化遗产沉浸式体验产品创新开发研究——以甘肃省兰州市河口古镇为例[J].西部旅游,2023(13):42-44.

[10] 贺剑武,余家庆,于海涛.非物质文化遗产旅游游客重游意愿影响机理研

究——一个有调节的链式中介模型[J].黔南民族师范学院学报,2023,43(3):98-105.

[11] 熊辉.遗产与资源:乡村文化振兴的非物质文化遗产路径——以皖西乡村为例[J].山西大同大学学报(社会科学版),2023,37(3):114-119.

[12] 刘卫华,李雅敏.文旅融合非遗先行——非遗与旅游融合发展的实践研究[J].西部旅游,2023(11):24-26.

[13] 李菲,陈平,宋俊华等.非物质文化遗产保护传承与旅游利用的若干问题探讨——"非物质文化遗产的当代适应与游憩机会"专题学者对话录[J].旅游论坛,2023,16(3):1-11.

[14] 林海聪.非物质文化遗产保护与红色旅游相互融合的韶山模式[J].文化遗产,2023(3):51-57.

[15] 杨毓婕.公共艺术介入非物质文化遗产研学旅行之初探[J].大众文艺,2023(9):55-57.

[16] 叶瑞玲.基于RMP分析西双版纳非物质文化遗产旅游开发[J].文化学刊,2023(4):26-30.

[17] 任泽雨,于富业.文旅融合视域下辽西地区非物质文化遗产发展策略研究[J].渤海大学学报(哲学社会科学版),2023,45(2):108-112.

[18] 刘睿.长三角体育非物质文化遗产与旅游景区的空间关联分析[J].湖北师范大学学报(自然科学版),2023,43(1):51-57.

[19] 范旻澜.苏州碧螺春制作技艺入选世界非物质文化遗产的措施[J].文化产业,2023(8):148-150.

[20] 朱蔚琦.基于无锡市的非物质文化遗产开发和旅游融合发展研究[J].齐齐哈尔大学学报(哲学社会科学版),2023(2):88-91.

[21] 林继富,王祺.非物质文化遗产保护领域的"两创"实践研究[J].中国非物质文化遗产,2023(2):14-30.

[22] 张小菊.新媒体时代非物质文化遗产的传承分析[J].新楚文化,2023(4):18-21.

[23] 曲曦冉,姜在新.赫哲族非物质文化遗产与旅游纪念品的融合设计研究[J].西部皮革,2023,45(2):111-113.

[24] 刘宇青,徐虹.非物质文化遗产原真性保护和旅游开发助推乡村文化振兴[J].社会科学家,2022(10):69-75.

[25] 王舜,王亚,邓子民.基于CiteSpace的我国体育非物质文化遗产研究热点分析[J].淮北师范大学学报(自然科学版),2022,43(4):77-81.

[26] 李沐纯,谢佳宁,蔡琪.我国非物质文化遗产旅游知识图谱研究[J].石家庄学院学报,2022,24(6):76-87.

[27] 刘瑞轩,姜明婧,关雅鑫.新媒体环境下河洛地区非物质文化遗产传播困境及对策研究[J].文化产业,2022(31):129-131.

[28] 侯利敏.乡村旅游文化产业与非物质文化遗产保护协调发展研究——基于乡村全面振兴背景[J].南方论刊,2022(10):27-29.

[29] 胡淑卉.非物质文化遗产传承下的地方旅游品牌建设——以"人龙舞"为例[J].文化产业,2022(24):115-117.

[30] 马艳萍.非物质文化遗产视域下民间舞蹈的文化传承策略[J].中国民族博览,2022(12):153-156.

[31] 文静.基于消费者体验视角的池州市非物质文化遗产旅游产品开发研究[J].遵义师范学院学报,2022,24(3):34-38.

[32] 常直杨,李俊楼.江苏省非物质文化遗产时空分异及旅游响应[J].南京晓庄学院学报,2022,38(3):90-97+103.

[33] 徐晓波.非物质文化遗产与旅游融合开发模式研究[J].普洱学院学报,2022,38(2):43-45.

[34] 李欣,王庆生.旅游开发与非物质文化遗产传承融合共生研究——以杨柳青古镇为例[J].城市,2022(4):39-48.

[35] 陈艳艳.全域旅游背景下的非物质文化遗产保护传承研究[J].文化产业,2022(11):139-141.

[36] 张洁,何靖.非遗体验价值与游客非遗旅游支付意愿的关系研究[J].现代商业,2022(9):56-58

[37] 兰兆青,李茜.节庆活动契机下非物质文化遗产与乡村旅游融合路径研究[J].安徽农业科学,2022,50(5):118-122+151.

[38] 陈宇华.论非物质文化遗产的保护与融合[J].艺术评鉴,2022(4):181-184.

[39] 时吉光. 非物质文化遗产与旅游产业融合模式研究[J]. 文化创新比较研究, 2022, 6(5): 116-119.

[40] 沈凌云. 全域旅游背景下的非物质文化遗产保护传承研究[J]. 大众文艺, 2021(24): 5-6.

[41] 吴琼. 非物质文化遗产与文创产业融合发展路径探析[J]. 大庆社会科学, 2021(6): 123-126.

[42] 刘佳雪, 夏泽宁. 苏州市姑苏区非物质文化遗产旅游开发潜力研究[J]. 南京晓庄学院学报, 2021, 37(6): 102-110.

[43] 李天颖, 韩顺法. 非物质文化遗产与会展旅游的融合发展路径研究[J]. 经济与社会发展, 2021, 19(5): 63-70.

[44] 丁唯也. 基于"扬州工"保护与传承的非物质文化遗产旅游活化模型构建[J]. 山西师范大学学报(自然科学版), 2021, 35(03): 123-128.

[45] 肖刚, 肖鸿芸. 长江经济带非物质文化遗产旅游资源空间分异研究[J]. 江西科学, 2021, 39(4): 750-757.

[46] 魏洁云, 赵节昌, 杨琳. 徐州饮食类非物质文化遗产开发研究[J]. 南京晓庄学院学报, 2021, 37(4): 100-106+124.

[47] 胡菊海. 文旅融合视角下的南通非物质文化遗产的机遇与挑战[J]. 鞋类工艺与设计, 2021(13): 116-117.

[48] 邓兰, 刘旭玲. 文旅融合背景下新疆非物质文化遗产的游客感知分析[J]. 新疆社科论坛, 2021(3): 85-94.

[49] 章牧. 非物质文化遗产活化研究——基于文旅融合的视角[J]. 社会科学家, 2021(6): 15-20.

[50] 严宽荣, 林婉玲. 非物质文化遗产保护与旅游协同发展探讨[J]. 合作经济与科技, 2021(4): 39-40.

[51] 任唤麟, 黄伟伟. 无锡市非遗旅游产品开发模式研究——基于RMP分析[J]. 徐州工程学院学报(社会科学版), 2021, 36(01): 16-27.

[52] 杨艳. 南京非物质文化遗产体验式旅游开发策略[J]. 特区经济, 2020(12): 110-112.

[53] 龙文泱. "非遗"+旅游: 深挖当地特色, 营造动人氛围[J]. 文艺生活(艺术

中国),2020(12):134-136.

[54] 汪丽丽,孙传玲.文旅融合背景下苏北地区非遗的传承与保护研究[J].汉字文化,2020(S2):121-123.

[55] 盛筱祺.无锡非物质文化遗产产业化发展研究[J].汉字文化,2020(23):169-170+174.

[56] 郑伟刚,马月伟.中国非物质文化遗产旅游研究进展[J].西南林业大学学报(社会科学),2020,4(6):77-81.

[57] 徐鹏飞,韩顺法.非物质文化遗产与旅游业融合:机理、动力与路径[J].北京文化创意,2020(5):49-55.

[58] 闵陈震.常州市非物质文化遗产的旅游市场开发研究——以常州梳篦为例[J].中国市场,2020(29):31-32.

[59] 王惜凡.苏州非物质文化遗产产业化发展研究[J].汉字文化,2020(19):148-149.

[60] 黄达平.探析非物质文化遗产与旅游产业的融合发展[J].文物鉴定与鉴赏,2020(16):148-149.

[61] 江伟,周敏.文旅融合背景下的非遗主题文创产品开发策略研究——以无锡灵山小镇·拈花湾为例[J].艺术百家,2020,36(5):200-204.

[62] 黄凌云.江苏茶文化旅游资源开发与利用研究[J].镇江高专学报,2020,33(3):27-30.

[63] 陶小惠,翟青扬,蒋玉雪等.以江苏为例的非物质文化遗产保护现状与路径研究[J].中国地名,2020(6):36-38.

[64] 沈思展,孟召宜,张雅琴等.文化经济视域下徐州非遗价值取向及其传承创新[J].江苏师范大学学报(自然科学版),2020,38(2):28-32.

[65] 叶设玲.新时代无锡刺绣"活化"发展策略探析[J].阜阳职业技术学院学报,2019,30(4):62-64.

[66] 魏洁云,刘桐彤,赵节昌等.科技驱动徐州饮食类非物质文化遗产转化发展研究[J].中国经贸导刊(中),2019(9):100-102.

[67] 韩双斌.苏州非物质文化遗产游客感知差异研究[J].经济研究导刊,2018(36):32-36.

[68] 陈瑜.现代学徒制下非遗传承人培养模式探析——以无锡旅游商贸高等职业技术学校太湖船点项目为例[J].现代职业教育,2018(34):308.

[69] 刘娜,许沁乔.扬州非物质文化遗产旅游发展问题研究[J].现代商业,2018(33):18-19.

[70] 吴昊玉.全域旅游视角下江苏非遗文化产业发展的SWOT分析[J].中国商论,2018(22):147-149.

[71] 雷峻,杨晓杭.南京非物质文化遗产的保护性旅游开发研究[J].传播力研究,2018,2(15):27.

[72] 孙建芳.扬州非物质文化遗产旅游开发模式的构建[J].四川旅游学院学报,2018(3):51-55.

[73] 熊彦普.非遗视角下的扬州旅游文创产品设计与开发策略研究[J].开封教育学院学报,2017,37(12):229-231.

[74] 吕玉晨,张玉玮.扬州非物质文化遗产旅游开发问题研究[J].旅游纵览(下半月),2017(22):95-96.

[75] 何娟.江苏非物质文化遗产扬州剪纸与旅游产品融合创新研究[J].美术教育研究,2017(21):71-72.

Appendix

附 件

附件1　江苏省国家级非物质文化遗产目录（截至2023年12月31日）

序号	名　　称	类别	公布时间	申报地区或单位
1	白蛇传传说	民间文学	2006	江苏省镇江市
2	梁祝传说	民间文学	2006	江苏省宜兴市
3	董永传说	民间文学	2006	江苏省东台市
4	吴歌	民间文学	2006	江苏省苏州市
5	江南丝竹	传统音乐	2006	江苏省太仓市
6	海州五大宫调	传统音乐	2006	江苏省连云港市
7	苏州玄妙观道教音乐	传统音乐	2006	江苏省苏州市
8	昆曲	传统戏剧	2006	江苏省苏州市
9	苏剧	传统戏剧	2006	江苏省苏州市
10	扬剧	传统戏剧	2006	江苏省扬州市
11	苏州评弹（苏州评话、苏州弹词）	曲艺	2006	江苏省苏州市
12	扬州评话	曲艺	2006	江苏省扬州市
13	扬州清曲	曲艺	2006	江苏省扬州市
14	桃花坞木版年画	传统美术	2006	江苏省苏州市
15	剪纸（扬州剪纸）	传统美术	2006	江苏省扬州市
16	苏绣	传统美术	2006	江苏省苏州市

(续表)

序号	名称	类别	公布时间	申报地区或单位
17	扬州玉雕	传统美术	2006	江苏省扬州市
18	泥塑(惠山泥人)	传统美术	2006	江苏省无锡市
19	宜兴紫砂陶制作技艺	传统技艺	2006	江苏省宜兴市
20	南京云锦木机妆花手工织造技艺	传统技艺	2006	江苏省南京市
21	宋锦织造技艺	传统技艺	2006	江苏省苏州市
22	苏州缂丝织造技艺	传统技艺	2006	江苏省苏州市
23	南通蓝印花布印染技艺	传统技艺	2006	江苏省南通市
24	香山帮传统建筑营造技艺	传统技艺	2006	江苏省苏州市
25	苏州御窑金砖制作技艺	传统技艺	2006	江苏省苏州市
26	南京金箔锻制技艺	传统技艺	2006	江苏省南京市
27	明式家具制作技艺	传统技艺	2006	江苏省苏州市
28	扬州漆器髹饰技艺	传统技艺	2006	江苏省扬州市
29	镇江恒顺香醋酿制技艺	传统技艺	2006	江苏省镇江市
30	雕版印刷技艺	传统技艺	2006	江苏省扬州市
31	金陵刻经印刷技艺	传统技艺	2006	江苏省南京市
32	制扇技艺	传统技艺	2006	江苏省苏州市
33	剧装戏具制作技艺	传统技艺	2006	江苏省苏州市
34	风筝制作技艺(南通板鹞风筝)	传统技艺	2006	江苏省南通市
35	端午节(苏州端午习俗)	民俗	2006	江苏省苏州市
36	秦淮灯会	民俗	2006	江苏省南京市
37	苏州甪直水乡妇女服饰	民俗	2006	江苏省苏州市
38	董永传说	民间文学	2008	江苏省金坛市
39	宝卷(靖江宝卷)	民间文学	2008	江苏省靖江市
40	吴歌	民间文学	2008	江苏省无锡市
41	古琴艺术(虞山琴派)	传统音乐	2008	江苏省常熟市

(续表)

序号	名称	类别	公布时间	申报地区或单位
42	古琴艺术（广陵琴派）	传统音乐	2008	江苏省扬州市
43	古琴艺术（金陵琴派）	传统音乐	2008	江苏省南京市
44	古琴艺术（梅庵琴派）	传统音乐	2008	江苏省南通市
45	古琴艺术（梅庵琴派）	传统音乐	2008	江苏省镇江市
46	十番音乐（楚州十番锣鼓）	传统音乐	2008	江苏省淮安市
47	十番音乐（邵伯锣鼓小牌子）	传统音乐	2008	江苏省江都市
48	高邮民歌	传统音乐	2008	江苏省高邮市
49	海门山歌	传统音乐	2008	江苏省海门市
50	吟诵调（常州吟诵）	传统音乐	2008	江苏省常州市
51	佛教音乐（天宁寺梵呗唱诵）	传统音乐	2008	江苏省常州市
52	道教音乐（无锡道教音乐）	传统音乐	2008	江苏省无锡市
53	龙舞（骆山大龙）	传统舞蹈	2008	江苏省溧水区
54	竹马（东坝大马灯）	传统舞蹈	2008	江苏省高淳县
55	竹马（邳州跑竹马）	传统舞蹈	2008	江苏省邳州市
56	扬剧	传统戏剧	2008	江苏省扬州市
57	扬剧	传统戏剧	2008	江苏省镇江市
58	柳琴戏	传统戏剧	2008	江苏省徐州市
59	木偶戏（杖头木偶戏）	传统戏剧	2008	江苏省扬州市
60	淮剧	传统戏剧	2008	江苏省盐城市
61	锡剧	传统戏剧	2008	江苏省无锡市
62	锡剧	传统戏剧	2008	江苏省无锡市
63	锡剧	传统戏剧	2008	江苏省常州市
64	淮海戏	传统戏剧	2008	江苏省淮安市
65	淮海戏	传统戏剧	2008	江苏省连云港市
66	童子戏	传统戏剧	2008	江苏省通州市

(续表)

序号	名　　称	类别	公布时间	申报地区或单位
67	徐州梆子	传统戏剧	2008	江苏省徐州市
68	扬州弹词	曲艺	2008	江苏省扬州市
69	徐州琴书	曲艺	2008	江苏省徐州市
70	南京白局	曲艺	2008	江苏省南京市
71	建湖杂技	传统体育、游艺与杂技	2008	江苏省建湖县
72	剪纸(南京剪纸)	传统美术	2008	江苏省南京市
73	剪纸(徐州剪纸)	传统美术	2008	江苏省徐州市
74	剪纸(金坛刻纸)	传统美术	2008	江苏省金坛市
75	苏绣(无锡精微绣)	传统美术	2008	江苏省无锡市
76	苏绣(南通仿真绣)	传统美术	2008	江苏省南通市
77	香包(徐州香包)	传统美术	2008	江苏省徐州市
78	竹刻(无锡留青竹刻)	传统美术	2008	江苏省无锡市
79	竹刻(常州留青竹刻)	传统美术	2008	江苏省常州市
80	泥塑(苏州泥塑)	传统美术	2008	江苏省苏州市
81	灯彩(秦淮灯彩)	传统美术	2008	江苏省句容市
82	灯彩(苏州灯彩)	传统美术	2008	江苏省苏州市
83	玉雕(苏州玉雕)	传统美术	2008	江苏省苏州市
84	核雕(光福核雕)	传统美术	2008	江苏省苏州市
85	彩扎(邳州纸塑狮子头)	传统美术	2008	江苏省邳州市
86	常州梳篦	传统美术	2008	江苏省常州市
87	糖塑(丰县糖人贡)	传统美术	2008	江苏省徐州市
88	盆景技艺(扬派盆景技艺)	传统美术	2008	江苏省扬州市
89	盆景技艺(扬派盆景技艺)	传统美术	2008	江苏省泰州市
90	金银细工制作技艺	传统技艺	2008	江苏省南京市

(续表)

序号	名 称	类别	公布时间	申报地区或单位
91	金银细工制作技艺	传统技艺	2008	江苏省江都市
92	民族乐器制作技艺（苏州民族乐器制作技艺）	传统技艺	2008	江苏省苏州市
93	传统木船制造技艺	传统技艺	2008	江苏省兴化市
94	酿造酒传统酿造技艺（封缸酒传统酿造技艺）	传统技艺	2008	江苏省金坛市
95	酿造酒传统酿造技艺（封缸酒传统酿造技艺）	传统技艺	2008	江苏省丹阳市
96	茶点制作技艺（富春茶点制作技艺）	传统技艺	2008	江苏省扬州市
97	中医传统制剂方法（雷允上六神丸制作技艺）	传统医药	2008	江苏省苏州市
98	清明节（溱潼会船）	民俗	2008	江苏省姜堰市
99	抬阁（芯子、铁枝、飘色）（金坛抬阁）	民俗	2008	江苏省金坛市
100	董永传说	民间文学	2011	江苏省丹阳市
101	徐福传说	民间文学	2011	江苏省赣榆县
102	唢呐艺术（徐州鼓吹乐）	传统音乐	2011	江苏省徐州市
103	茅山号子	传统音乐	2011	江苏省兴化市
104	龙舞（直溪巨龙）	传统舞蹈	2011	江苏省金坛市
105	竹马（蒋塘马灯舞）	传统舞蹈	2011	江苏省溧阳市
106	跳马伕	传统舞蹈	2011	江苏省如东县
107	京剧	传统戏剧	2011	江苏省南京市
108	京剧	传统戏剧	2011	江苏省淮安市
109	泗州戏	传统戏剧	2011	江苏省泗洪县
110	木偶戏（杖头木偶戏）	传统戏剧	2011	江苏省南京市
111	淮剧	传统戏剧	2011	江苏省淮安市
112	淮剧	传统戏剧	2011	江苏省泰州市

(续表)

序号	名　称	类别	公布时间	申报地区或单位
113	滑稽戏	传统戏剧	2011	江苏省苏州市
114	苏州评弹(苏州评话、苏州弹词)	曲艺	2011	江苏省南京市
115	扬州评话	曲艺	2011	江苏省南京市
116	小热昏	曲艺	2011	江苏省常州市
117	盆景技艺(苏派盆景技艺)	传统美术	2011	江苏省苏州市
118	南京云锦木机妆花手工织造技艺	传统技艺	2011	江苏省南京市
119	家具制作技艺(精细木作技艺)	传统技艺	2011	江苏省常州市
120	传统棉纺织技艺(南通色织土布技艺)	传统技艺	2011	江苏省南通市
121	装裱修复技艺(苏州书画装裱修复技艺)	传统技艺	2011	江苏省苏州市
122	绿茶制作技艺(碧螺春制作技艺)	传统技艺	2011	江苏省吴中区
123	国画颜料制作技艺(姜思序堂国画颜料制作技艺)	传统技艺	2011	江苏省苏州市
124	毛笔制作技艺(扬州毛笔制作技艺)	传统技艺	2011	江苏省江都市
125	中医传统制剂方法(致和堂膏滋药制作技艺)	传统医药	2011	江苏省江阴市
126	中医传统制剂方法(季德胜蛇药制作技艺)	传统医药	2011	江苏省南通市
127	宝卷(吴地宝卷)	民间文学	2014	江苏省苏州市
128	东海孝妇传说	民间文学	2014	江苏省连云港市
129	薅草锣鼓(金湖秧歌)	传统音乐	2014	江苏省金湖县
130	佛教音乐(金山寺水陆法会仪式音乐)	传统音乐	2014	江苏省镇江市
131	道教音乐(茅山道教音乐)	传统音乐	2014	江苏省句容市
132	洪泽湖渔鼓	传统舞蹈	2014	江苏省洪泽县

(续表)

序号	名　称	类别	公布时间	申报地区或单位
133	洪泽湖渔鼓	传统舞蹈	2014	江苏省泗洪县
134	苏绣(扬州刺绣)	传统美术	2014	江苏省扬州市
135	象牙雕刻(常州象牙浅刻)	传统美术	2014	江苏省常州市
136	盆景技艺(如皋盆景)	传统美术	2014	江苏省如皋市
137	陶器烧制技艺(宜兴均陶制作技艺)	传统技艺	2014	江苏省宜兴市
138	晒盐技艺(淮盐制作技艺)	传统技艺	2014	江苏省连云港市
139	传统造园技艺(扬州园林营造技艺)	传统技艺	2014	江苏省扬州市
140	中医诊疗法(丁氏痔科医术)	传统医药	2014	江苏省南京市
141	中医诊疗法(扬州传统修脚术)	传统医药	2014	江苏省扬州市
142	清明节(茅山会船)	民俗	2014	江苏省兴化市
143	庙会(泰伯庙会)	民俗	2014	江苏省无锡市
144	庙会(苏州轧神仙庙会)	民俗	2014	江苏省苏州市
145	庙会(金村庙会)	民俗	2014	江苏省张家港市
146	南闸民歌	传统音乐	2021	江苏省淮安市
147	泰兴花鼓	传统舞蹈	2021	江苏省泰州市
148	苏北大鼓	曲艺	2021	江苏省宿迁市
149	掼石锁(海陵掼石锁)	传统体育、游艺与杂技	2021	江苏省泰州市
150	苏绣(常州乱针绣)	传统美术	2021	江苏省常州市
151	发绣(东台发绣)	传统美术	2021	江苏省盐城市
152	水晶雕刻(东海水晶雕刻)	传统美术	2021	江苏省连云港市
153	瓷刻(大丰瓷刻)	传统美术	2021	江苏省盐城市
154	地毯织造技艺(如皋丝毯织造技艺)	传统技艺	2021	江苏省南通市
155	蒸馏酒传统酿造技艺(洋河酒酿造技艺)	传统技艺	2021	江苏省宿迁市

(续表)

序号	名称	类别	公布时间	申报地区或单位
156	绿茶制作技艺(雨花茶制作技艺)	传统技艺	2021	江苏省南京市
157	素食制作技艺(绿柳居素食烹制技艺)	传统技艺	2021	江苏省南京市
158	脂粉制作技艺(谢馥春脂粉制作技艺)	传统技艺	2021	江苏省扬州市
159	中医传统制剂方法(王氏保赤丸制作技艺)	传统医药	2021	江苏省南通市
160	庙会(圣堂庙会)	民俗	2021	江苏省苏州市
161	徐州伏羊食俗	民俗	2021	江苏省徐州市

附件2 江苏省文化和旅游厅发布的20条"水韵江苏"非遗精品旅游路线

南京	无锡
"六朝深处"非遗特色研学游/休闲游	中国陶都·陶醉之旅——非遗主题精品线路
夫子庙大成殿—秦淮人家—南京市非遗体验中心—小西湖灯彩馆—越剧博物馆—老门东历史文化街区	DAY1:蜀山古南街—前墅古龙窑—中国宜兴陶瓷博物馆 DAY2:宜帮菜博物馆—阳羡贡茶院—龙池山自行车公园—善卷洞风景区
明孝陵非遗体验研学一日游	惠山古镇非遗泥人研学游
明孝陵景区大金门至石象路—东吴大帝孙权纪念馆—明孝陵博物馆—午餐及休息—金文大师云锦艺术馆—苏作小木家居艺术馆	中国泥人博物馆—孝之行家风家训馆—泥人大师工作室—惠山古镇祠堂群—文物古迹区—匠人坊研学教室
徐州	常州
"楚韵汉风 山水云龙"非遗游	金坛茅山"非"一般的非遗体验之旅
户部山古民居—徐州民俗博物馆—戏马台—崔家大院	DAY1:茅山茶海—东方盐湖城 DAY2:仙姑村——号农场·萌动乐园—茅山森林世界—保朴山房 DAY3:茅山金牛洞—茅山肴·道家菜—花谷奇缘

(续表)

苏州	
洞庭山碧螺春体验之旅	黎里古镇江南非遗匠心之旅
江南茶文化博物馆—电商产业园—紫金庵—茶二十四节气科普广场—洞庭山碧螺春制作技艺国际级非遗展示区—果茶复合系统非遗区—碧螺春1号公路—江南茶博共享农庄	六悦博物馆—巧君手工秤店—茶音传统文化体验馆—锡器博物馆—古镇街区—竹器行
"苏作匠心"非遗之旅	寻"苏味"——百年传承非遗体验之旅
苏绣小镇—午餐—山塘街—船游古运河—夜游网师园	采芝斋—恒孚银楼—绣娘丝绸—得月楼—三万昌/黄天源/雷允上/苏扇制作—游平江路
南通	连云港
相见欢·走过近代第一城	"大圣故里"神奇之旅
DAY1:水绘园—南通博物苑—张謇故居—蓝印花布博物馆—濠河风景区 DAY2:唐闸古镇—张謇文化旅游景区—颐生文博园	DAY1:上午:花果山景区:海清寺千年古塔—游客中心—360球幕影院—十八盘、南天门、九龙桥、七十二洞、三元宫、水帘洞—屏竹禅院—大圣山庄风猴、玉女峰玉女像 下午:孔雀沟景区:非遗生产性保护基地—九龙木栈道—橡子林、茶园 晚上:渔湾欢乐城 DAY2 渔湾景区—三潭汲浪—东磊景区—延福观—石海 DAY3 连云港市博物馆—千亩有机小村茶园—红香溢樱桃酒庄
扬州	盐城
"运河名城·古韵扬州"非遗主题之旅	"世遗湿地、遇缘西溪"非遗主题梦幻之旅
DAY1:瘦西湖风景区—运河三湾景区—东关街历史文化街区—东关古渡坐游船 DAY2:富春茶社—个园—扬州486非遗集聚区	东台西溪天仙缘景区游客中心—海春塔苑—晏溪书院—犁木街—通圣桥—创客中心—天仙缘非遗文创市集—汉服馆—三相阁美术馆—观看美人鱼表演—草市街—舞乐广场—东台大粮仓—东台鱼汤面馆—观看《天仙缘》或《寻仙缘》演出

（续表）

扬州	盐城
"感受文化 走进非遗"瘦西湖非遗主题游	"建湖有戏"打卡非遗研学体验之旅
瘦西湖南门—小金山—熙春台—非遗文化园—1757美食街坊—扬派盆景博物馆—瘦西湖北门	徐记草炉饼制作工坊—冈西新艺坊—江苏省杂技团—淮剧体验馆—建河村—淮剧里景区（子线路：入口迎客秀演—淮剧冠服馆—粮仓艺术中心—鱼生有圆—藕遇藕圆—沙庄戏院—百戏馆—沙庄旧市—九龙河鲜—喜鹊湾非遗实景演艺—芦荡客栈）
镇江	淮安
见怪不怪——探寻"舌尖上的镇江非遗"	"观非遗、品非遗、听非遗"淮安二日游
DAY1：西津渡—太平民俗民艺馆—镇江民间文化艺术馆—漫步老街 DAY2：宴春酒楼—宴春肴肉加工厂—镇江醋文化博物馆—镇江新区 DAY3：登圌山、观日出—品尝地方早茶老三样—扬中长江渔文化园—孔庆璞河豚会馆	DAY1：清江浦记忆馆—戏曲博物馆—淮安名人馆—清江浦楼—淮安榷关—御码头 DAY2：中国文化淮扬菜博物馆—荷芳剧院
泰州	宿迁
幸福滋味·非遗美食养生之旅	"水韵江苏·魅力西楚"非遗三日游
DAY1：靖江市牧城公园—尚香汤包文博馆—G12农乐谷—季市古镇 DAY2：黄桥古镇—祁巷村—溱潼古镇—溱湖绿洲度假村—泰州华侨城 DAY3：品泰州早茶—泰州早茶博物馆—老街—泰和堂国医馆—江苏中药科技园—兴化银北门休闲街区	DAY1：项王故里景区—新盛街文化街区—禅院水居 DAY2：龙王庙行宫—皂河龙运城—八角楼客栈 DAY3：洋河酒厂文化旅游区

Postscript 后 记

山不在高,有仙则名;水不在深,有龙则灵,风景不一定是名胜,有了文化才是名胜。这就是与文化结合的魅力。非遗是文化多样性的重要体现,很多人正是因为文化的多样与差异,因为着迷于各地多姿多彩的非物质文化遗产,才有了非遗旅游的需求。因此,文化是旅游的灵魂,旅游是文化的载体,要坚实地推动非遗与旅游融合发展。旅游的发展也为非遗的传播拓宽了渠道、插上了"翅膀"。我们要牢牢把握文化和旅游融合的方向和要求,贯彻新发展理念,进一步加强对非遗资源的挖掘阐发,通过提高传承实践水平,为旅游业注入更加优质、更富吸引力的文化内容。同时,也要充分发挥旅游业的独特优势,为非遗保护传承和发展振兴注入新的更大的内生动力。江苏省大力推进非物质文化遗产资源与旅游产业融合,旅游业呈现出从传统景观旅游到文化休闲旅游的新趋势,这将激发非物质文化遗产旅游业的新动能,从而实现巨大的经济和社会效益。

本书重点分析了非遗与旅游融合发展的现状及存在的问题,提出加快江苏省非遗与旅游融合发展的新思路。江苏省非遗旅游发展应持续做好四个坚持:坚持理念先行的发展策略,确立以利益相关者为核心的制度设计理念,以更好地促进非遗保护和旅游开发工作;坚持经济与文化、传承与创新并举的核心思想,要认识深度休闲参与者在活跃生活交际圈、非遗次文化圈中的影响力;坚持原技艺的复原和创新转化结合、原真性体验性结合,营造文化共同体与文化自信;坚持见人、见物、见生活的实践指向,推动非遗旅游高质量融合发展。

深化非遗和旅游融合发展是一篇大文章，需要不断地创新实践。政策需积极响应，提供制度保障，包括完善利益表达与监管机制、创建经济赋权机制、共促协商多赢局面，支持各地加强非遗与旅游融合发展的理论实践研究，通过论坛、研讨、讲座等方式，及时总结交流研究成果和实践经验。文旅行业需借助于新媒体、大数据、智能化的现代技术反哺非遗旅游开发，通过技术媒介、休闲教育、研学旅行和非遗旅游空间构建，让非遗旅游全面融入生活，成为美好生活的重要组成部分。坚持深入贯彻习近平总书记关于非遗保护的重要指示精神，对标对表习近平总书记赋予江苏有"争当表率、争做示范、走在前列"的光荣使命，全面实施非遗传承发展工程，持续推进非遗和旅游融合发展、高质量发展，让非遗旅游更好地赋能美好生活，助力谱写"强富美高"新江苏建设的现代化篇章。

图书在版编目(CIP)数据

非物质文化遗产与旅游融合发展:以江苏为例/叶设玲著. —上海:复旦大学出版社,2023.12
ISBN 978-7-309-17181-5

Ⅰ.①非… Ⅱ.①叶… Ⅲ.①非物质文化遗产-关系-旅游业发展-研究-江苏 Ⅳ.①F592.753

中国国家版本馆 CIP 数据核字(2023)第 243733 号

非物质文化遗产与旅游融合发展:以江苏为例
FEIWUZHI WENHUAYICHAN YU LVYOU RONGHE FAZHAN: YI JIANGSU WEILI
叶设玲　著
责任编辑/郭　峰

复旦大学出版社有限公司出版发行
上海市国权路 579 号　邮编:200433
网址:fupnet@fudanpress.com　http://www.fudanpress.com
门市零售:86-21-65102580　团体订购:86-21-65104505
出版部电话:86-21-65642845
苏州市古得堡数码印刷有限公司

开本 787 毫米×960 毫米　1/16　印张 10.25　字数 157 千字
2023 年 12 月第 1 版
2023 年 12 月第 1 版第 1 次印刷

ISBN 978-7-309-17181-5/F·3021
定价:59.00 元

如有印装质量问题,请向复旦大学出版社有限公司出版部调换。
版权所有　侵权必究